Die Paartherapie Formel

Maike Grotlüschen

Email: info@edition-lunerion.de
www.edition-lunerion.de

Psiana eCom UG
Berumer Str. 44
26844 Jemgum

Inhalt

Die Paartherapieformel

Die Liebe ist wohl eines der stärksten und unter Umständen auch schmerzhaftesten Gefühle, die der Mensch kennt. Dieses Gefühl mit jemandem zu teilen, kann bisher ungeahnte positive Emotionen in Ihnen hervorrufen. Gleichzeitig führt das Gefühl einer enttäuschten Liebe oftmals zu starken negativen Emotionen. Haben wir in der heutigen Zeit, die für viele von uns durch Hektik, Stress und Entscheidungsschwierigkeiten ob der enormen Auswahl an Möglichkeiten im Leben geprägt ist, einmal einen „sicheren Hafen" in einer Beziehung gefunden, möchten wir diesen am liebsten nie wieder verlassen.

Doch in jeder Beziehung gibt es auch Konflikte – einerlei, wie harmonisch oder intakt die Beziehung grundsätzlich ist, lassen sich gelegentliche Auseinandersetzungen nicht vermeiden. Viele davon lassen sich schnell lösen und belasten die Beziehung nicht grundlegend. Andere jedoch erschüttern das Verhältnis von Ihnen zu Ihrem Partner oder Ihrer Partnerin in ihren Grundfesten. Vertrauensbrüche, schwerwiegende Vorfälle oder auch (scheinbar) unüberbrückbare Differenzen in Fragen der Lebensplanung können eine Beziehung mit einem stabilen Fundament ebenso ins Wanken bringen.

Sollten Sie gerade eine solche Phase durchleben, dann ist dieser Ratgeber genau das Richtige für Sie. In den folgenden Kapiteln gehen wir intensiv auf die Frage ein, wie sich solche Beziehungskonflikte mit einem therapeutischen Ansatz lösen lassen. Zunächst einmal werden wir etwas über die Grundlagen einer Beziehung lernen, anschließend wird es darum gehen, diese Grundlagen zu stärken, unter anderem durch Offenheit, Ehrlichkeit und vor allem durch Kommunikation. Die Bedeutung des aktiven Zuhörens und des Entwickelns von Empathie wird dabei besonders betrachtet.

Anschließend werden wir gemeinsam erarbeiten, wie mit Vertrauensbrüchen umzugehen und verloren gegangenes Vertrauen in den Partner wieder herstellbar ist. Wir besprechen Konfliktlösungsstrategien und werden auf diese Art und Weise erkennen, wie sich Ihre Beziehung wieder stärken lässt. Untermauert werden die Erkenntnisse in diesem Ratgeber von wissenschaftlichen, also auch theoretischen Überlegungen aus Psychologie, Kommunikationswissenschaft oder auch der Verhaltensforschung. Doch keine Angst – es handelt sich bei diesem Buch nicht um eine theoretische Abhandlung. In jedem Kapitel gibt es zahlreiche praktische Übungen und Anwendungsbeispiele, anhand derer der praktische Nutzen für Ihre individuelle Problematik sichtbar wird.

Wichtig ist an dieser Stelle, noch zu erwähnen, dass Sie beide bereit sein müssen, die Notwendigkeit der Beziehungsarbeit anzuerkennen. Nur gemeinsam können Sie an Ihrer Beziehung arbeiten und die in diesem Buch dargestellten Übungen ausführen. Es bedarf für eine effektive Therapieformel immer beider Partner – also nehmen Sie die Beziehungsarbeit als Paar in Angriff.

Auch wenn das Thema an manchen Stellen unangenehm sein kann – lassen Sie es uns an dieser Stelle gemeinsam angehen. Denn Ihre Beziehung ist es wert, dass Sie und Ihr Partner gemeinsam darum kämpfen. Beginnen Sie also mit der Lektüre und setzen Sie Ihre Beziehung wieder auf ein solides, gesundes Fundament.

Viel Erfolg dabei!

Der Schlüssel für gelungene Partnerschaften

**„Die Ehe funktioniert am besten,
wenn beide Partner ein bisschen unverheiratet bleiben."**
(Claudia Cardinale)

Wie dieses Zitat deutlich macht, beschäftigt die Frage nach einer funktionalen, gesunden Paarbeziehung selbst berühmte Schauspielerinnen, doch auch weniger prominente Menschen denken häufig über den Schlüssel zur gelungenen Partnerschaft nach. Vermutlich war jeder von uns schon einmal in einer Situation, in der er oder sie die eigene Beziehung oder die Beziehung eines Freundes / Familienangehörigen hinterfragt hat. Zunächst müssen wir festhalten, dass natürlich jede Partnerschaft überaus individuelle Komponenten hat, oder einfacher gesagt: Jede Beziehung ist anders. Dennoch gibt es bestimmte Beziehungsmuster, die sich unabhängig von der individuellen Ausgestaltung jeder Partnerschaft erkennen und analysieren lassen.

Die eigene Beziehung besser zu verstehen, bedeutet auch, sich selbst besser kennenzulernen. Wir neigen häufig dazu, beim Nachdenken über unsere eigene Beziehung das Verhalten oder die Eigenschaften des Partners in den Vordergrund zu rücken, wohingegen wir die Selbstreflexion eher hinten anstellen. Doch genauso wichtig wie das Verstehen unseres Partners ist das Verständnis unserer eigenen Verhaltens- und Beziehungsmuster. Haben Sie sich je gefragt, welcher *Beziehungstyp* Sie eigentlich sind? Die Kenntnis des eigenen Beziehungstyps ist elementar zum Verständnis der eigenen Beziehung und auch zum Verständnis der in ihr auftretenden Konflikte.

Den eigenen Beziehungstyp kennenlernen

Jeder Mensch hat andere Bedürfnisse innerhalb einer Beziehung. Sie kennen vermutlich auch aus Ihrem persönlichen Umfeld verschiedene Beziehungstypen. Manche Paare verbringen fast jede freie Minute zusammen, selbst, wenn sie nicht zusammen sind, telefonieren sie oder schreiben sich Textnachrichten. Niemals würden sie auf die Idee kommen, getrennt in den Urlaub zu fahren oder in getrennten Zimmern zu übernachten. Andere Paare wiederum genießen auch innerhalb der Beziehung eine gewisse Freiheit, sie unternehmen abends durchaus getrennte Aktivitäten in ihren eigenen Freundeskreisen und brauchen hin und wieder bewusst eine kleine Auszeit, um anschließend wieder mehr Zeit miteinander zu verbringen und sich voll auf den anderen einzulassen.

Diese Beschreibung zeichnet selbstredend ein Bild von zwei entgegengesetzten Beziehungstypen, die meisten Paare befinden sich vermutlich in der Mitte zwischen diesen beiden Polen. Innerhalb des breiten Spektrums werden klassischerweise vier verschiedene Beziehungstypen unterschieden. Betrachten wir an dieser Stelle die Typologie genauer. Spüren Sie einfach einmal rein und versuchen Sie, sich im Geiste einzuordnen. Haben Sie große oder eher kleine Anteile an diesem Typ?

Übersicht: Welche Beziehungstypen gibt es?

Die gängigste Einteilung in vier verschiedene Bindungs- und Beziehungstypen geht auf den britischen Psychoanalytiker John Bowlby zurück. Es handelt sich dabei um eine grundlegende Einteilung, die jedoch nicht absolut betrachtet werden kann. Die wenigsten Menschen sind in sämtlichen Situationen und mit all ihren Verhaltensweisen nur einem Typ zuzuordnen; die Grenzen können daher auch als fließende Übergänge betrachtet werden.

Biographie:

John Bowlby

Edward John Mostyn Bowlby wurde im Jahr 1907 in London geboren und wuchs dort zusammen mit fünf Geschwistern auf. Sein Vater war Chirurg und als solcher vielbeschäftigt, auch zu seiner Mutter hatte der junge John Bowlby wenig Kontakt, da man zur damaligen Zeit in England davon ausging, dass zu viel Kontakt zur Mutter junge Männer verweichliche, und der Mutter-Kind-Kontakt daher gezielt reduziert wurde. Er sah sie etwa eine Stunde pro Tag, die meiste Zeit über kümmerte sich ein Kindermädchen um ihn.

Im Alter von acht Jahren kam er in ein Internat, im Anschluss daran besuchte er das College und begann, Medizin und Psychologie in Cambridge zu studieren. Dort absolvierte er zudem eine Ausbildung zum Psychoanalytiker. Besonders reizte Bowlby die Behandlung von Kindern, so ließ er sich zusätzlich in einer damals noch völlig neuen Disziplin ausbilden – der Kinderpsychiatrie. Man kann nur vermuten, inwiefern die eigene Kindheit ohne tatsächliche Elternbindung zu diesem Entschluss beigetragen haben mag, doch die Themen Eltern-Kind-Bindung und Bindungstheorie im Allgemeinen sollten seine Fachgebiete werden.

Seine Bindungstheorie, die an der Grenze von empirischer („Inwiefern prägt uns die Mutter-Kind-Beziehung?") und normativer („Wie sollte das Verhältnis idealerweise sein?") Wissenschaft wandelt, stieß zu seinen Lebzeiten auf große Widerstände innerhalb der akademischen Psychologie, gilt heute jedoch als wegweisend. Sein Werk „Frühe Bindung und kindliche Entwicklung" wurde sogar in die Liste der 100 Meisterwerke der Psychotherapie aufgenommen.
(Holmes, 2006)

Der sichere Bindungstyp

Der sichere Bindungstyp, so Bowlby, wurde in seiner Kindheit oft fürsorglich behandelt. Er hat daher verinnerlicht, dass Harmonie und Beständigkeit wichtige Faktoren für eine Beziehung sind. Beziehungen bedeuten für ihn Geborgenheit und Bestätigung („Ich bin okay, so wie ich bin, weil mein Partner mich so akzeptiert"). Der sichere Bindungstyp versucht, Konflikte und Streitigkeiten innerhalb der Beziehung zu vermeiden, denn er strebt nach Harmonie und Beständigkeit; Beziehungsdramen sind von ihm nicht zu erwarten. Menschen dieses Bindungstyps sind zudem sehr vertrauensvoll. Sie erzählen ihrem Partner von ihren Gefühlen und können im Gegenzug die Empfindungen des Partners oft gut deuten.

Die Vorzüge eines sicheren Bindungstyps liegen auf der Hand: Treue, Ehrlichkeit und Verlässlichkeit sind Werte, die als Grundlage für jede gesunde Beziehung angesehen werden können. Böse Überraschungen, Skandale oder Dramen bleiben einem mit diesem Typ Partner erspart. Die Kehrseite der Medaille könnte dabei sein, dass der Beziehung auf Dauer die Spannung fehlt. Sichere Bindungstypen sind sehr konstant und neigen nicht dazu, etwas vollkommen anderes auszuprobieren. Sei es beim Reisen, bei der Wahl der gemeinsamen Freizeitaktivitäten oder auch beim Sex – etwas völlig Verrücktes können Sie vom sicheren Bindungstyp meist nicht erwarten.

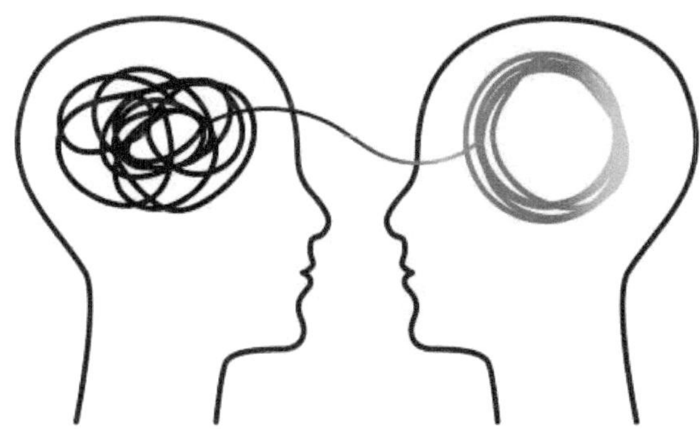

Der ängstlich-anklammernde Typ

Dieser Beziehungstyp ist von unsicheren frühkindlichen Bindungen geprägt. Er hat seine frühen Bezugspersonen (meist Mutter und Vater) als wankelmütig und unzuverlässig erlebt und hat daher ein Bedürfnis nach einem „sicheren Hafen" entwickelt. Liebe und Beziehungen bedeuten für ihn in erster Linie Geborgenheit und Bestätigung. Laut Bowlby neigen Kinder, die ihre Eltern als distanziert und unzuverlässig erleben, dazu, sich selbst als nicht besonders wertvoll zu betrachten („Ich bin es nicht wert, dass man sich mehr mit mir beschäftigt / dass man mich liebt"). Geliebt werden und in einer Beziehung zu sein, bedeutet für diesen Bindungstypen also auch eine Bestätigung des eigenen Selbstwerts.

Solche Menschen haben das Bedürfnis nach viel körperlicher und sozialer Nähe, sie wollen also gerne viel Zeit mit dem Partner verbringen und wollen nach Möglichkeit kuscheln, sich umarmen, nah bei ihrem Partner sein. Dieses Bedürfnis kann nicht jederzeit befriedigt werden, insbesondere, wenn der Partner ein anderer Bindungstyp ist. Daher kann bei anklammernden Menschen oft das Gefühl entstehen, dass sie mehr in die Beziehung investieren als der Partner. Zudem werden sie häufig von Verlustängsten begleitet, die schlimmste Vorstellung ist es, den Partner zu verlieren und alleine zu sein – also wieder ohne einen sicheren Hafen umhertreiben zu müssen.

Positiv daran ist sicherlich der starke Grad an emotionaler Bindung an den Partner. Der anklammernde Typ ist keiner, der fremdgeht oder seinen Partner versetzt. Allerdings ist der Grund dafür, dass unterschwellig stets die Angst mitschwingt, den Partner verlieren zu können. Je nach Ausprägung kann diese Angst regelrecht zur Panik werden. Es gilt daher in der Beziehung, den schmalen Grat zwischen Nähebedürfnis und Verlustangst auszutarieren.

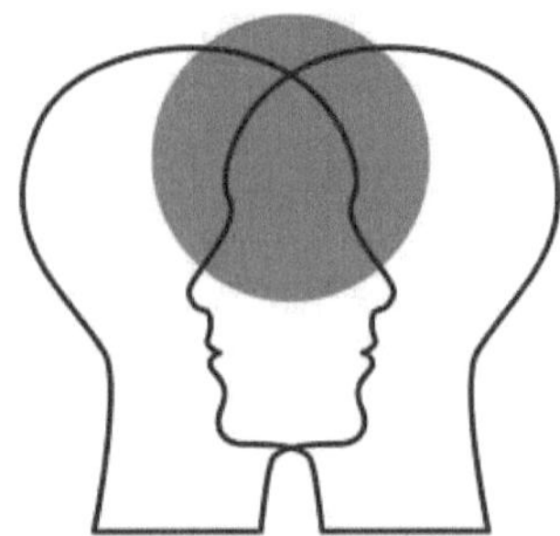

Der ängstlich-vermeidende Typ

Auch der ängstlich-vermeidende Typ hat in seiner frühkindlichen Prägung tendenziell eher ungesunde Bindungen erlebt. Insbesondere das Bedürfnis nach körperlicher Nähe und Zuneigung (in den Arm genommen werden) wurde hierbei nicht ausreichend befriedigt. Ähnlich wie beim ängstlich-anklammernden Typ fehlten dem Vermeider ein „sicherer Hafen" und die liebevolle Bindung, nur dass er andere Konsequenzen aus diesem Erleben zieht.

Der vermeidende Typ fürchtet sich nämlich vor zu viel Nähe und kann innerhalb seiner Beziehung nur schwer körperliche Nähe zulassen. Eine Beziehungs- und Bindungsangst kann das Resultat sein. Man fühlt sich in einer emotionalen Beziehung und mit emotionaler Nähe zum Partner nicht wohl und weiß nicht, wie man mit dem ungewohnt hohen Maß an Liebe umgehen soll. Vermeider versuchen daher, ihre Partner auf Distanz zu halten, was von diesen wiederum als Abweisung verstanden wird.

In Extremfällen neigt der ängstlich-vermeidende Typ sogar dazu, die Beziehung zu sabotieren, sobald sich die Partner zu nahe kommen, setzt der Fluchtreflex ein, also die Angst, sich zu stark binden zu müssen. Dabei ist der Wunsch nach Nähe und körperlicher sowie emotionaler Bindung bei allen Menschen vorhanden, auch bei vermeidenden Bindungstypen. Hier kann jedoch die Angst überwiegen, verletzt zu werden, wenn man jemanden zu nah an sich heranlässt. Für den Partner ergibt sich daraus die Herausforderung, das richtige Verhältnis von Nähe und Distanz herauszufinden. Gibt man dem Partner genügend Abstand, kann die Beziehung trotz aller Hürden liebevoll und emotional anregend sein.

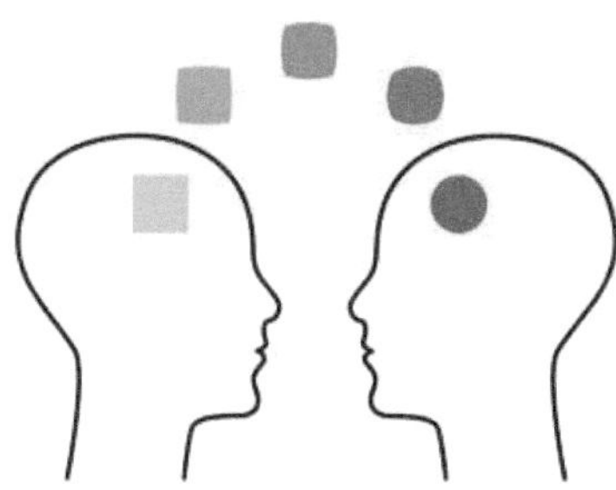

Der gleichgültig-vermeidende Typ

Dieser Bindungstyp versucht, enge Bindungen von vornherein zu vermeiden. Lassen sich die ängstlich-vermeidenden Typen oftmals noch auf eine Beziehung ein und werden dann skeptisch, wenn sie sich zu stark binden und jemandem zu sehr vertrauen sollen, versuchen die gleichgültig-vermeidenden Typen, ihr Bedürfnis nach Bindung eher zu unterdrücken („Ich brauche keine feste Bindung"). Oftmals sind diese Menschen sehr beschäftigt, sie suchen sich zahlreiche Hobbys und Aktivitäten aus, um bewusst niemals zur Ruhe zu kommen oder um sich über feste Bindungen niemals Gedanken machen zu müssen („Ich bin viel zu beschäftigt für eine Beziehung").

Wie bei jedem Menschen ist allerdings auch im gleichgültig-vermeidenden Bindungstypen das Bedürfnis nach Geborgenheit, emotionaler Nähe und letztlich auch Bindung veranlagt. Da diese Menschen jedoch häufig genau das zu vermeiden versuchen, sind sie meist unglücklich und nicht zufrieden mit sich selbst, sie fühlen eine gewisse innere Leere, die sie auch durch ihre zahlreichen Beschäftigungen nicht zu füllen vermögen.

Ist dieser Bindungstyp doch in einer festen Beziehung, neigt er, ähnlich wie der vermeidende Typ, dazu, wenig emotionale und körperliche Nähe zuzulassen. Daher ist auch bei ihm das richtige Maß an Nähe und Distanz eminent wichtig für das Funktionieren der Beziehung.

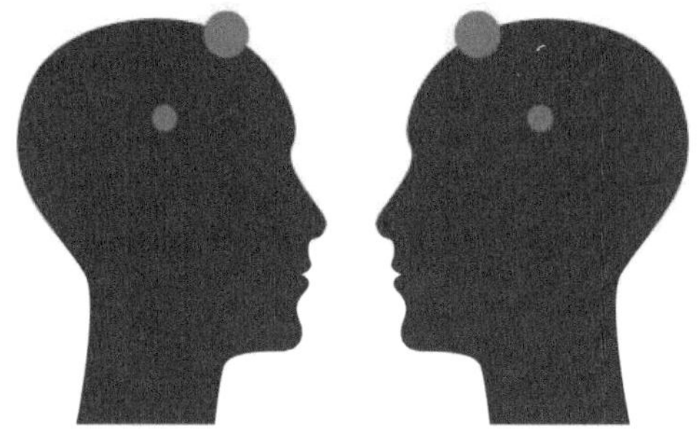

Bedürfnisse und Herausforderungen der einzelnen Typen

Jeder Bindungstyp hat also bestimmte Bedürfnisse, die in einer Beziehung zu beachten sind. Dabei stellt jeder Bindungstyp auch auf seine spezielle Art eine gewisse Herausforderung für den Partner dar. In einer intakten Paarbeziehung ist es unerlässlich, dass man sich auf sein Gegenüber einlässt und dessen Wünsche und Bedürfnisse ernst nimmt. Folgende Bedürfnisse lassen sich bei den verschiedenen Typen feststellen:

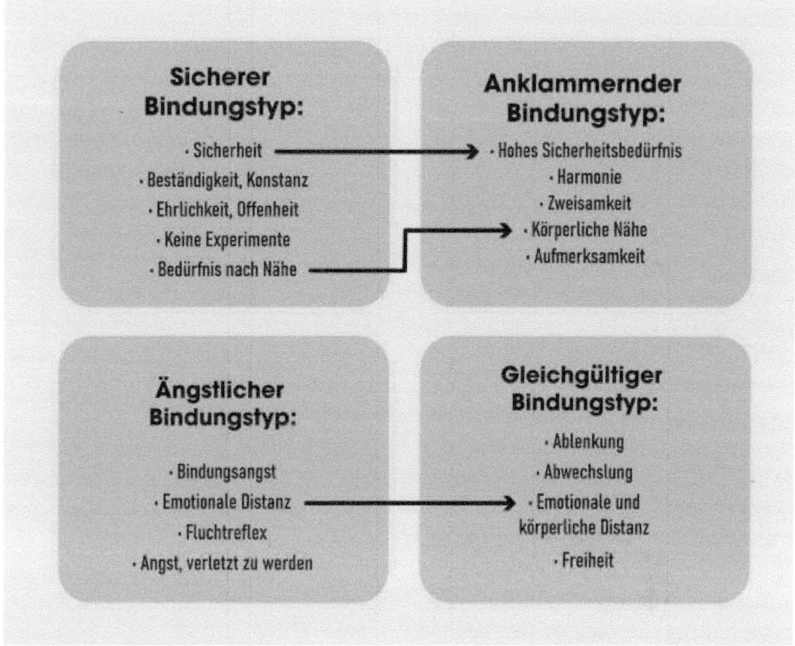

Sie sehen anhand dieser Graphik, dass es durchaus Parallelen zwischen den verschiedenen Bindungstypen gibt, wobei der anklammernde eher dem sicheren und der ängstliche eher dem gleichgültigen Bindungstyp ähnelt. Dies bedeutet jedoch keinesfalls, dass eine Beziehung zwischen den beiden sich nahestehenden Typen harmonischer verlaufen muss als andere Konstellationen.

Gehen wir die Konstellationen kurz durch:

1. Sicherer Bindungstyp und anklammernder Bindungstyp: Hier herrscht über eine Sache Konsens: keine waghalsigen Experimente, nicht zu viel Streit. Große Konflikte sind hier nicht zu erwarten, denn beide Partner suchen die emotionale Nähe und kuscheln daher auch gerne miteinander. Etwas Verrücktes, um die Beziehung zu beleben, etwa einen Partnertausch oder Ähnliches, wird ein solches Paar nicht gutheißen, schließlich sind beiden Parteien Treue und der „sichere Hafen" viel zu wichtig. Der anklammernde Typ braucht dabei etwas mehr Aufmerksamkeit als der sichere Typ, er wird der Partner der Beziehung sein, um den man sich etwas mehr kümmern und sorgen muss. Der Nachteil ist, dass die Beziehung im Laufe der Zeit eintönig werden kann, es fehlt die Würze, die Action. Solange dies für beide Seiten in Ordnung ist, steht der harmonischen Beziehung allerdings nichts im Wege. Beide Partner haben hier zudem latente Ängste, dass sie verlassen werden könnten. Ist einer der Partner an einem Tag ausnahmsweise nicht so nähe- und liebebedürftig, kann dies schnell zu einer Überinterpretation führen.

2. Sicherer Bindungstyp und ängstlicher Bindungstyp: Der sichere Typ kann dem ängstlichen Typen grundsätzlich das Gefühl von Ruhe und Geborgenheit geben. Bindungsängste können durch die Vertrauenswürdigkeit und herzliche Ausstrahlung des sicherheitsbedürftigen Bindungsmenschen ein wenig eingedämmt werden. Allerdings besteht auch die Möglichkeit, dass der sicherheitsbedürftige Partner für den ängstlichen Partner zu forsch auftritt, dessen Bedürfnis nach Nähe kann ihn verschrecken, was wiederum für den sicheren Typ bedeutet, dass er von seinem Partner vermutlich nicht das gewünschte Maß an Nähe erfahren wird.

3. Sicherer Bindungstyp und gleichgültiger Bindungstyp: Diese beiden Typen passen nicht zueinander. Der eine liebt seine Freiheit und seine Unabhängigkeit, der andere braucht einen Partner, der konstant und beständig und am besten immer an der eigenen Seite ist. Auch das Bedürfnis nach Nähe ist ein völlig anderes – zwischen „immer unterwegs" und „immer nah beisammen" klafft eine große Lücke. Diese beiden Bindungstypen kommen wahrscheinlich nicht zusammen, es sei denn, einer von beiden oder beide nehmen gewisse Abstriche bei ihren Bedürfnissen in Kauf.

4. Anklammernder Bindungstyp und ängstlicher Bindungstyp: Diese Kombination kann funktionieren, wenn der anklammernde Typ es durch sein Nähebedürfnis schafft, dem ängstlichen Typen seine Angst zu nehmen, verletzt zu werden. Gerade zu Beginn kann jedoch auch diese Konstellation konfliktbehaftet sein und nicht jeder kommt auf seine Kosten, da der ängstliche Typ sich zunächst nicht auf das hohe Maß an Nähe einlassen wird, welches dem anklammernden Typen wichtig ist. Sind beide Partner bereit, den sinnbildlichen Schritt auf den anderen zuzugehen und sich ein wenig Zeit zu lassen, können sich die Bedürfnisse angleichen.

5. Anklammernder Bindungstyp und gleichgültiger Bindungstyp: Auch hier wird es sehr schwierig, denn der anklammernde Typ wird den gleichgültigen Typen durch sein starkes Bedürfnis nach emotionaler und körperlicher Nähe abschrecken. Andersherum wird das Bedürfnis des anklammernden Partners nach Aufmerksamkeit und Bestätigung durch den gleichgültigen Typ nicht ausreichend befriedigt werden, da dieser gerne viel unterwegs ist und sich nicht ausschließlich auf seine Partnerschaft konzentrieren möchte. Auf der anderen Seite kann sich dieser Gegensatz auch anziehen, sofern der anklammernde Typ akzeptiert, dass der andere nicht immer verfügbar ist, und der gleichgültige Typ akzeptiert, dass er sich hin und wieder voll und ganz auf den anderen einlassen muss.

6. Ängstlicher und gleichgültiger Bindungstyp: Beide Partner haben Bindungsängste, beide wertschätzen die Nähe und Intimität nicht sonderlich. In diesem Punkt sind sich beide Partner also einig, weshalb eine Bindung hier funktionieren kann. Tatsächlich wäre diese Kombination am ehesten offen für alternative Beziehungsmodelle wie eine offene oder eine Wochenendbeziehung. Problematisch ist allerdings die Unstetigkeit der Beziehung und durch die fehlende emotionale Anbindung wird die Unsicherheit bei beiden Seiten nicht verkleinert. Diese Kombination kann funktionieren oder aber auch schnell auseinanderbrechen.

Wir haben nun also alle Konstellationen betrachtet. Wichtig ist, dass diese Bindungstypen Muster sind, die sich gut für eine grobe Einordnung eignen. Die meisten Menschen werden allerdings nicht zu einhundert Prozent einem Bindungstyp entsprechen, sondern je nach Situation oder auch Laune Anteile eines anderen Typen in sich tragen. Über diese Kategorisierung können Sie allerdings die grobe Richtung verstehen und Ihre Beziehungskonstellation besser einordnen.

TEST: WELCHE BEZIEHUNGSKONSTELLATION HABEN WIR?

Die verschiedenen Bindungstypen können sich in konkreten Situationen sehr gegensätzlich verhalten, etwa bei Konflikten. So verwundert es vermutlich auch nicht, dass gewisse Beziehungskonstellationen von Haus aus eher schwierig sind. Das bedeutet allerdings nicht, dass eine intakte und harmonische Beziehung zwischen ihnen unmöglich wäre, es bedarf lediglich ein wenig mehr Reflexion und Bewusstsein über die eigenen Bedürfnisse und die des anderen.

Fragen Sie sich also selbst:

- „Welcher Beziehungstyp bin ich?
- Welcher Beziehungstyp ist mein Partner?"

Aus dieser Erkenntnis können Sie schließlich eine Beziehungskonstellation ableiten, das heißt:

- „Welche zwei Typen treffen aufeinander und was bedeutet das für die Beziehung?"

Haben Sie diese Fragen beantwortet, können Sie anhand des oben gezeigten Schaubilds Ihre persönliche Konstellation und in Verbindung damit auch mögliche Lösungen für Ihre Konflikte ablesen. Müssen Sie Ihrem Partner mehr Freiräume zugestehen oder sollten Sie ihm sogar mehr Nähe signalisieren? Können Sie seine manchmal abweisende Art zuordnen oder sollten Sie beide in einen Dialog treten und über die Gründe für das Verhalten sprechen? All das können Sie über den Test der Beziehungskonstellation herausfinden.

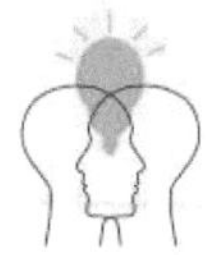

Übung:

Beziehungskonstellation testen
Wie finde ich heraus, welcher Bindungstyp ich bin bzw. welcher Bindungstyp mein Partner ist? Beantworten Sie dazu einige einfache Fragen und erhalten Sie eine Vorstellung von Ihrem eigenen Verhalten und dem Verhalten Ihres Gegenübers innerhalb Ihrer Beziehung.

1. Welche Werte sind mir in einer Beziehung besonders wichtig? Betreiben Sie hierzu ein Brainstorming, das heißt, Sie schreiben die ersten Gedanken auf, die Ihnen zu dem Thema Werte in einer Beziehung in den Sinn kommen. Daraus lässt sich bereits eine Tendenz ablesen, ob Sie eher der Typ „Treue und Geborgenheit" oder eher der Typ „Spannung und Abwechslung" sind. Möchten Sie eine beständige oder eine abwechslungsreiche Partnerschaft? Gehen Ihnen Offenheit und Ehrlichkeit über alles oder darf jeder von Ihnen auch seine kleinen Geheimnisse haben? Führen Sie das Brainstorming separat durch, Sie und Ihr Partner sollen sich innerhalb des Denkprozesses bewusst nicht absprechen, denn eventuelle unterschiedliche Wertvorstellungen kommen am ehesten dann zum Vorschein, wenn Sie sich nicht vorher austauschen. Nun haben Sie beide erste Gedanken formuliert und können anhand dieser zumindest eine starke Idee davon gewinnen, wo Sie und Ihr Partner jeweils im Schema der Bindungstypen einzuordnen sind.

2. Kann ich mir vorstellen, ohne meinen Partner Urlaub zu machen? Eine klassische Situation innerhalb einer Beziehung ist die Wahl des Urlaubsortes. Der eine möchte in die Berge, die andere lieber ans Meer, er mag lieber nicht so lange fliegen, sie will am liebsten an die abgeschiedenen Orte der Welt reisen. Doch was, wenn beide sich nicht so leicht einig werden und der schlussendlich getroffene Kompromiss beide Parteien nicht zufriedenstellt? Könnte man sich vorstellen, auch getrennt Urlaub zu machen? Er fährt nach Österreich in die Alpen und sie fliegt nach Hawaii? Oder bleibt einer von beiden sogar ganz zu Hause, während der andere mit einem guten Freund oder einer guten Freundin Urlaub macht? Was für manche Paare ein realistisches Szenario ist, erscheint anderen ganz und gar unmöglich. Die Beantwortung dieser Frage lässt allerdings viele Rückschlüsse über das Nähebedürfnis und die Anhänglichkeit eines oder beider Partner zu. Der anklammernde Typ zum Beispiel könnte es niemals verkraften, wenn sein Partner alleine in den Urlaub fliegt – schließlich braucht er ihn doch ständig an seiner Seite und möchte zudem auch im Mittelpunkt stehen. Dass man lieber eine Woche mit einem guten Freund verbringt, ist diesem Bindungstypen absolut unbegreiflich. Für den gleichgültigen Bindungstypen wäre dies im Gegenzug evtl. sogar eine Voraussetzung für eine glückliche Beziehung, ansonsten fühlt er sich zu sehr eingeengt. Beantworten Sie die Frage für sich also offen und ehrlich – nicht nur, ob Sie sich theoretisch vorstellen könnten, gemeinsam Urlaub zu machen, sondern auch, ob es auch realistisch wäre und wie Sie sich tatsächlich damit fühlen würden.

3. Wie sieht der perfekte Tag aus? Ein weiteres Gedankenexperiment, das sich gut eignet, um die Konstellation zweier Bindungstypen festzustellen, ist der perfekte Tag. Dabei sollen beide Partner – wichtig: wieder unabhängig voneinander – skizzieren, wie für sie der perfekte Tag aussehen würde. Ein sicherer Bindungstyp würde wahrscheinlich einen Tag skizzieren, an dem er sehr viel Zeit mit dem Partner verbringen kann und an dem nichts Unvorhergesehenes, Aufregendes passiert; also einen gemütlichen und entspannten Tag zu zweit. Ein ängstlicher Bindungstyp hingegen würde vermutlich einen Tag bevorzugen, an dem er relativ viel Zeit alleine oder zumindest ohne den Partner verbringen kann, an dem beide abends gemeinsam essen gehen und sich gut unterhalten, im Anschluss daran aber wieder getrennte Wege gehen. An dieser Frage lässt sich also ebenfalls ablesen, wer welche Art von Bindung bevorzugt.

4. Akzeptiere ich die Bedürfnisse des anderen? Auch unterschiedliche und selbst scheinbar entgegengesetzte Bindungstypen sind in der Lage, eine harmonische und stabile Beziehung zu führen. Die Hauptsache hierbei ist die Akzeptanz des anderen. In einer Beziehung kann es wichtig sein, die eigenen Bedürfnisse bisweilen hinter die des Partners zu stellen, solange dieses Prinzip auf Gegenseitigkeit beruht und nicht ständig nur ein Partner zurückstecken muss, während der andere sich ausleben kann. Ist einer der Partner jedoch in keinem Fall kompromissbereit, ist dies ebenfalls hinderlich. Fragen Sie sich also offen und ehrlich, ob Sie die Unterschiede zwischen Ihnen und Ihrem Partner akzeptieren und ob Sie dazu bereit sind, den berühmten Schritt auf ihn zuzugehen. Selbst wenn Sie gerade das Bedürfnis nach Ruhe haben, nehmen Sie Ihren Partner dennoch zumindest kurz in den Arm, wenn Sie sein Bedürfnis nach einer Umarmung wahrnehmen. Umgekehrt zwingen Sie ihm nicht stets dann eine Umarmung auf, wenn Sie selbst eine brauchen, denn Sie wissen, dass Ihr Partner gerade etwas Zeit für sich braucht. Für die Akzeptanz ist die Kommunikation und Absprache wiederum essentiell. Reden Sie miteinander und versuchen Sie, einen guten Kompromiss zu finden, der beiden Partnern ein angemessenes Verhältnis von Nähe und Distanz ermöglicht.

Schritt 1: Die Grundlagen legen

„Es ist schlimm, wenn zwei Eheleute einander langweilen. Viel schlimmer jedoch ist es, wenn nur einer von ihnen den anderen langweilt."
(Marie von Ebner-Eschenbach)

Die grundlegende Konstellation Ihrer Beziehung haben Sie nun schon herausgearbeitet. Allerdings trägt dies zunächst lediglich zum besseren Verständnis des Partners oder der Partnerin bei. Für eine harmonische, langlebige Partnerschaft bedarf es einiger weiterer Grundlagen. Sie bilden also das Fundament, die Basis, auf der alle anderen Elemente und Aspekte der Partnerschaft stehen. In diesem Kapitel werden wir uns damit beschäftigen, ein stabiles Fundament zu legen, auf dem Ihre Beziehung lange sicher stehen kann.

Die Stärkung Ihrer Partnerschaftsgrundlage

Jede Partnerschaft hat eine oder mehrere Grundlagen, auf deren Fundament die Beziehung aufbaut. Ohne diese Grundlage würde eine Beziehung gar nicht erst zustande kommen, geschweige denn über einen längeren Zeitraum hinweg funktionieren. Betrachten wir auch hier ein Beispiel: Sie lernen jemanden kennen, der auf Sie im ersten Moment interessant wirkt. Sie kommen ins Gespräch, treffen sich einmal, zweimal, vielleicht ein drittes Mal. Spätestens jetzt können Sie beurteilen, ob die anfängliche Anziehungskraft des anderen noch immer Bestand hat oder nicht. Hat sie keinen Bestand mehr, dann liegt es daran, dass Sie keine gemeinsame Grundlage für eine Partnerschaft ausmachen konnten. Sie sind zu verschieden oder vielleicht sogar zu ähnlich und haben nichts an Ihrem Gegenüber identifizieren können, was eine Beziehung für Sie denkbar und attraktiv macht.

Entscheiden Sie jedoch gemeinschaftlich, dass Sie eine Beziehung eingehen wollen, ist diese Grundlage offenbar vorhanden. Irgendetwas zieht Sie an Ihrem Partner an, seien es gemeinsame Hobbys (z. B. beide reisen gerne und wollen zusammen die Welt entdecken, beide lesen gerne und tauschen sich über Literatur aus), gemeinsame Absichten (beide wollen über kurz oder lang eine Familie) oder auch Unterschiede, die den Partner dennoch attraktiv erscheinen lassen (er oder sie kann mir eine vollkommen neue Lebensrealität eröffnen). Auf Basis dieser Grundlage führen Sie die Beziehung, doch mit der Zeit kann es vorkommen, dass Sie die Basis aus den Augen verlieren – die Beziehung wird zur Gewohnheit und Sie erinnern sich nicht mehr jeden Tag daran, warum Sie ursprünglich einmal mit Ihrem Partner zusammengekommen sind. Ein wichtiger Baustein zur Stärkung Ihrer Beziehung ist daher die (Re-) Aktivierung Ihrer Beziehungsgrundlage.

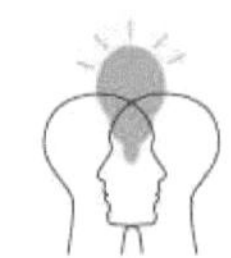

Übung:
Beziehungsgrundlage stärken

1. Die Grundlage bewusst machen: Lassen Sie Ihre Beziehung nicht dem Alltag und der Routine zum Opfer fallen und machen Sie sich jeden Tag bewusst, warum Sie mit Ihrem Partner zusammengekommen sind. Dabei dürfen Sie ruhig nostalgisch werden und sich an schöne, gemeinsame Momente zurückerinnern, zum Beispiel das erste Date, der erste gemeinsame Urlaub etc. Überlegen Sie, warum Sie sich damals dafür entschieden haben, eine Beziehung mit diesem Menschen einzugehen, und überprüfen Sie, ob diese Grundlage noch immer vorhanden ist bzw. wie sie sich reaktivieren lässt. Nehmen wir an, Sie haben gemeinsame Reisen und Abenteuer als Beziehungsgrundlage, waren aber (dem Alltagstrott sei Dank) schon lange nicht mehr gemeinsam unterwegs. Da haben Sie es – stärken Sie Ihre Beziehungsgrundlage und unternehmen Sie wieder etwas miteinander. Erst, wenn Sie sich bewusst machen, auf welchem Fundament Ihre Beziehung fußt, können Sie wieder neue Steine darauf setzen und das Beziehungsgebäude sanieren.

2. Was ich an meinem Partner mag: Ein weiteres Gedankenexperiment, das Sie zu den Ursprüngen Ihrer gemeinsamen Beziehung zurückführen kann, trägt den Namen „Was ich an meinem Partner mag". Schreiben Sie dabei auf ein Blatt, welche Eigenschaften Sie an Ihrem Partner zu schätzen wissen. Ist es der Humor, die Spontanität, die Vertrauenswürdigkeit? Oder sind es mehrere dieser Aspekte gleichzeitig? Inwiefern sind diese Eigenschaften noch heute in Ihrer Beziehung bemerkbar? Machen Sie immer noch gemeinsame Späße, sind Sie immer noch spontan und setzen sich abends in den Zug, um am nächsten Morgen in Paris zu sein? Oder sind die Eigenschaften, die Sie an Ihrem Partner schätzen, im Zuge der Beziehungsroutine ebenfalls eingeschlafen? In diesem Fall wissen Sie, wo Sie ansetzen können – holen Sie die Begeisterung und das, was Sie immer aneinander mochten, zurück in Ihre Beziehung!

3. Gemeinsame Ziele besprechen: Manchen Beziehungen mangelt es mit der Zeit an Perspektive. Gerade wenn klassische Ziele, z. B. Verlobung, Heirat, eventuell gemeinsame Kinder, bereits erreicht sind, fällt es manchen Paaren schwer, noch gemeinsame Ziele zu formulieren, die man mit dem Partner zusammen erreichen will. Doch auch kleinere gemeinsame Ziele beleben den Beziehungsalltag. Überlegen Sie zusammen, welche Ziele das sein könnten: Sparen für einen Städtetrip quer durch Europa? Zusammen ein Buch schreiben oder einen Online-Blog / Podcast starten? Ein Baumhaus bauen? Der Kreativität sind hierbei keine Grenzen gesetzt. Wichtig ist, dass sich beide Partner mit dem gemeinsamen Ziel identifizieren können und dass es realistisch umsetzbar ist. Im Modus des „vielleicht irgendwann einmal“ stärken Sie Ihre Beziehungsgrundlage in der konkreten Situation nicht. Legen Sie daher einen ungefähren Zeitrahmen fest und besprechen Sie zudem, wie Sie das gemeinsam gesetzte Ziel erreichen können. So haben Sie ein spannendes Projekt, das die Beziehungsgrundlage neu beleben kann.

4. Zeit für sich: Trotz aller gemeinsamen Ziele und Pläne tut es erfahrungsgemäß den meisten Partnerschaften gut, wenn beide Partner hin und wieder Zeit für sich selbst beanspruchen können. Je nach Bindungstyp (siehe erstes Kapitel) ist der Bedarf nach „Me-Time“, wie die Zeit für sich heute gerne genannt wird, unterschiedlich hoch; manche benötigen diese Zeitabschnitte in sehr regelmäßigen Abständen, für andere sollten sie eher die Ausnahme bleiben. Doch auch anklammernde Bindungstypen können durch die Zeit, die sie nur mit sich selbst verbringen, etwas lernen, sowohl über sich als auch über ihre Beziehung. Denn der Prozess der Reflexion findet vor allem in den Phasen statt, in denen wir Zeit haben, uns mit uns selbst zu beschäftigen. Zudem kann Vorfreude auf den Partner nur dann erwachsen, wenn wir ihn eine Zeit lang nicht gesehen haben. Verbringt man jede freie Minute miteinander, ist die Gefahr größer, dass man in eine lähmende Routine hineinrutscht. Gönnen Sie sich und Ihrem Partner also auch eine gewisse Auszeit und nutzen Sie diese, um die Vorfreude auf die Partnerschaft zu steigern.

Offene Kommunikation fördern

Eine weitere, überaus relevante Grundlage in einer Beziehung ist die offene und ehrliche Kommunikation.

Information:

Kommunikation

Eines der bekanntesten und bedeutendsten Modelle zum Verständnis von Kommunikation stammt von dem deutschen Kommunikationspsychologen Friedemann Schulz von Thun. Es handelt sich dabei um das sogenannte Kommunikationsquadrat. Die Idee des Kommunikationsquadrats, gelegentlich auch „Vier-Seiten-Modell", fußt auf der Grundannahme, dass jede verbale Äußerung auf vier Ebenen interpretiert werden kann:

1. Die Sachebene: Auf der Sachebene werden Fakten und Inhalte genannt. Der Sprechende informiert sein Gegenüber über die Inhalte, also beispielsweise: „Gestern war ich auf einer Geburtstagsfeier." / „Es hat heute Morgen stark geregnet." / „Es ist 10:53 Uhr."

2. Die Selbstoffenbarung: Eine verbale Äußerung kann Rückschlüsse auf den Sprecher zulassen. Bei der Aussage „Es hat heute Morgen stark geregnet" gibt es noch keinerlei Rückschlussmöglichkeiten, wenn derjenige aber stattdessen sagt, „So ein Mist, es hat heute geregnet", wissen wir zumindest, dass derjenige keinen Regen mag. Die Selbstoffenbarung erfolgt dabei meist implizit: Nehmen wir an, ein Paar sitzt spätabends auf einer Parkbank, die Sonne geht langsam unter und der Park ist schwach beleuchtet. Sie sagt: „Oh, ganz schön dunkel." In diesem Satz steckt implizit eine Selbstoffenbarung, nämlich: „Ich finde es unangenehm / Ich habe Angst, weil es so dunkel ist." Ohne diese Offenbarungsebene würde der Sprechakt keinen Sinn ergeben, denn der andere hat schließlich ebenfalls mitbekommen, dass es dunkel ist. Auf der Ebene der Selbstoffenbarung spielen wiederum Mimik, Gestik und Körpersprache eine entscheidende Rolle für die Interpretation des Gesagten.

3. Die Beziehungsebene: Auf der Beziehungsebene wird das Verhältnis von Sender (Sprecher) und Empfänger berücksichtigt. Wie stehen die beiden zueinander? Gibt es zum Beispiel ein Machtgefälle in der Kommunikation (Abteilungsleiter zu Praktikant / Lehrer zu Schüler) oder begegnen sich beide Gesprächspartner auf Augenhöhe? Des Weiteren können persönliche Konflikte und Sympathien sowie Antipathien eine Rolle spielen. Wenn das Verhältnis der beiden Gesprächspartner ohnehin angespannt ist, also zum Beispiel eine persönliche Konfliktebene die Kommunikation belastet, kann sich dieser Umstand auch auf die anderen Ebenen beziehungsweise auf den Ich-Zustand auswirken. Wenn eine Person, die ich nicht leiden kann, zum Beispiel als Eltern-Ich auftritt, neige ich eher dazu, als rebellisches Kind-Ich zu reagieren, da ich die Autorität der Person infrage stelle und mich ungern von jemandem belehren lassen will, den ich in seinem Auftreten nicht als Respektperson wahrnehme, als wenn der Tadel von einer Person kommt, die ich grundsätzlich schätze und deren Meinung ich dementsprechend als gewichtig und konstruktiv erachte. Sie kennen das Phänomen mit Sicherheit noch aus der Schule: Einem Lehrer, den Sie grundsätzlich schätzen und für fachlich kompetent halten („Der kann mir etwas beibringen"), gestehen Sie als Schüler eher zu, dass er Sie kritisiert oder sanktioniert (Nachsitzen, Extra-Aufgaben etc.), als einem Lehrer, der Ihnen das Gefühl vermittelt, seine fehlende Autorität und Kompetenz mit besonderer Strenge kaschieren zu wollen.

4. Appellebene: Viele Sprechakte beinhalten einen Appell, also eine (indirekte) Aufforderung an das Gegenüber, etwas zu tun oder zu lassen: „Die Musik ist zu laut" ist zum Beispiel eine Aufforderung, die Musik leiser zu drehen, „Dein Zimmer sieht aus wie ein Saustall" ist eine Aufforderung der Mutter an das Kind, endlich das Zimmer aufzuräumen. Viele Sprechakte beinhalten Appelle, je impliziter diese formuliert sind, desto schwieriger sind sie jedoch zu verstehen. Nehmen wir an, besagtes Paar sitzt auf der Couch, sie sagt: „Mir ist kalt." Der Appell lautet also vermutlich: „Hol mir eine Decke." Wenn der Appell jedoch nicht verstanden wird, antwortet er unter Umständen bloß: „Ich finde es angenehm so." Es kommt also insbesondere bei der Appellebene sehr stark auf beide Kommunikationspartner an. Der Sprechende sollte sich möglichst deutlich ausdrücken und der Angesprochene muss möglichst genau hinhören. Die Ebenen des Kommunikationsquadrats helfen uns, einen kommunikativen Ablauf in seiner Gesamtheit zu verstehen und zu analysieren (Thun, 1981).

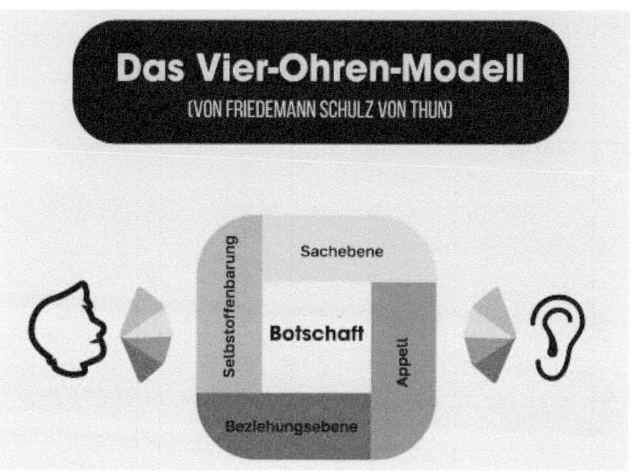

Biografie:

Friedemann Schulz von Thun

Friedemann Schulz von Thun (* 1944 in Soltau) ist ein deutscher Kommunikationspsychologe, der insbesondere durch seine Theorien zu den Schwierigkeiten und Herausforderungen zwischenmenschlicher Kommunikation einem breiteren Publikum bekannt wurde.

Von 1967 bis 1971 studierte er in Hamburg Psychologie, Philosophie und Pädagogik und legte 1973 seine Dissertation zum Thema „Verständlichkeit bei Wissens- und Informationsvermittlung" vor. 1975 wurde er zum Professor an der Universität Hamburg ernannt.

Zur gleichen Zeit hielt Schulz von Thun Trainingskurse für Führungskräfte und Lehrkräfte in Unternehmen ab, welche die Teilnehmer insbesondere in der Herstellung einer positiven Gruppendynamik und in der Anleitung kommunikativer Prozesse trainieren sollten. 1981 veröffentlichte er das Buch *„Miteinander reden. Störungen und Klärungen"*, das bis heute als sein Hauptwerk gilt und dem das Modell des Kommunikationsquadrats entnommen ist.

Schulz von Thun lebt in Hamburg, ist zum zweiten Mal verheiratet und hat zwei erwachsene Kinder.

Da wir nicht nicht kommunizieren können, findet innerhalb der Beziehung ohnehin ständig Kommunikation statt. Wenn diese jedoch als versteckt oder intransparent erlebt wird, erhöht sich die Wahrscheinlichkeit eines Konflikts deutlich. Lassen Sie uns auch hier an einem Beispiel verdeutlichen, wie wir unterschiedliche Kommunikationsstile erleben:

1. Offene Kommunikation:

A: „Schatz, du hast wieder deine Kaffeetasse stehen lassen, ich habe dir bereits mehrfach gesagt, dass es mich stört, wenn benutztes Geschirr in der Wohnung herumsteht. Bitte räume sie weg."

B: „Du weißt, dass ich manchmal einfach nicht daran denke, wenn ich viel zu tun habe."

A: „Ich weiß, ich kann das auch nachvollziehen, dennoch würde ich dich mir zuliebe bitten, daran zu denken."

Wir sehen ein „Konflikt"-Gespräch, das allerdings sehr sachlich und ruhig geführt wird. A sagt klar, was Sache ist und warum er/sie B bittet, die Tasse wegzuräumen. Zwar reagiert B mit einer Entgegnung, A bleibt jedoch wiederum sehr sachlich und macht das Anliegen nochmals deutlich. Das Gespräch verläuft also offen und ehrlich, beide Parteien kommunizieren klar miteinander und der Konflikt ist beigelegt, bevor er sich richtig entfalten kann.

2. Verdeckte Kommunikation:

A: „Immer lässt du deine Kaffeetasse überall stehen."
B: „Ich habe dir doch gesagt, dass ich in meinem stressigen Alltag keine Zeit habe, an alles zu denken."
A: „Das kann doch nicht so schwer sein, daran zu denken."
B: „Wenn du so viel zu tun hättest wie ich, wüsstest du, dass man sich mit solchen Nebensächlichkeiten dann nicht mehr beschäftigt."
A: „Ach so, ob ich mich in unserer Wohnung wohlfühle, ist für dich also eine Nebensächlichkeit?"

Die Ausgangssituation ist dieselbe, A stört die Kaffeetasse von B, doch schon der Einstieg in das Gespräch ist ein völlig anderer. A sagt nämlich nicht offen, wie es ihr/ihm damit geht, sondern stellt erst einmal eine vermeintliche Sachaussage in den Raum, nämlich, dass B die Tasse hat stehen lassen. Durch die Tonalität und die (vermutliche) Vorgeschichte ist B jedoch klar, dass es sich nicht um eine reine Feststellung, sondern auf der Appell-Ebene auch um einen Vorwurf beziehungsweise eine Aufforderung handelt: „Räum die Tasse weg!"

B ist genervt von dem Appell und kann A nicht nachvollziehen, da A keinen Einblick in die eigene Gefühlswelt gewährt. Er/sie reagiert somit trotzig und formuliert seiner-/ihrerseits ebenfalls implizit einen Vorwurf: „Du hast weniger zu tun als ich, deshalb denke ich nicht an die Tasse" oder, wenn wir den Gedanken weiterdenken, „Räum sie doch selbst weg, du hast doch eh nicht viel zu tun." Diese Missachtung des eigenen Wunschs/Appells macht A wiederum sauer und der Konflikt ist in vollem Gange.

Der Wert von offener und ehrlicher Kommunikation zur Konfliktvermeidung wird also an diesem Beispiel deutlich. Die nachfolgenden Übungen sind dazu geeignet, offene Kommunikation zu stärken.

Übung:

Offen und ehrlich kommunizieren

1. Ich-Botschaften senden: An dem oben genannten Beispiel sehen Sie, dass es einen Unterschied macht, ob man in einem Konfliktgespräch die eigene Position deutlich macht oder ob man einen generalisierten Vorwurf formuliert. „Lass die Tasse nicht stehen" ist eine Aufforderung ohne Begründung. Demjenigen, der die Tasse hat stehen lassen, ist es aber egal, ob sie dort steht oder nicht, daher läuft der Vorwurf bzw. der Appell ins Leere. Durch die Formulierung: „..., weil ich mich unwohl fühle, wenn benutztes Geschirr in der Wohnung steht", wird jedoch die Gefühlsebene mitgedacht – es handelt sich um eine Ich-Botschaft (ich fühle mich unwohl). Da der Partner nicht möchte, dass der andere sich unwohl fühlt, wird er die Tasse viel eher wegräumen als im ersten Fall. Machen Sie Ihre eigene Haltung im Gespräch transparent.

2. Gefühle deutlich machen: Damit einher geht die Formulierung von Gefühlen. Im ersten Schritt formulieren wir also in dem Beispiel mit der Tasse: „Ich fühle mich unwohl." Damit wird die emotionale Konsequenz des Handelns oder Nichthandelns eines Partners deutlich. Auch wenn sich anschließend die Konflikte wiederholen, sind Ich-Botschaften unter Ausdruck der eigenen Gefühle der beste Weg zur Kommunikation: „Ich fühle mich nicht ernst genommen, wenn du auf meine Bitten nicht eingehst." Je persönlicher die Ansprache, desto wirksamer ist sie!

3. Nachfragen: In einem Konfliktgespräch kann es zu Unklarheiten kommen, weil ein Partner mehr Wissen beim anderen voraussetzt, als tatsächlich vorhanden ist. Man geht zum Beispiel davon aus, dass der Partner weiß, dass man momentan eine stressige Phase auf der Arbeit durchlebt. Doch auch, wenn man hin und wieder von der Arbeit erzählt, ist das Ausmaß des Stresses und die Art, wie dieser auch im privaten Bereich durchschlägt, dem anderen vielleicht nicht bewusst. Insbesondere, wenn Ihnen überzogen erscheinende Vorwürfe oder heftige emotionale Regungen entgegengebracht werden, die Sie sich nicht erklären können, fragen Sie lieber einmal mehr beim Partner nach, was ihn belastet, was er meint, wie er sich fühlt. Tun Sie emotionale Reaktionen niemals einfach ab, Nachfragen helfen und schaffen Klarheit auf beiden Seiten (Sender und Empfänger).

Mit einer offenen Kommunikation legen Sie die Grundlage für eine gesunde Beziehung. Dennoch kann es natürlich zu Beziehungskonflikten kommen, die nicht primär mit der Kommunikation der beiden Partner zu tun haben. Ein klassisches Beispiel ist der Vertrauensbruch, das heißt, ein Partner missbraucht das ihm oder ihr entgegengebrachte Vertrauen, das für eine gesunde Beziehung ebenfalls notwendig ist.

VERTRAUENSBRÜCHE ANSPRECHEN UND HELFEN

Information:

Vertrauen

Vertrauen ist ein Gefühl, das jeder von uns kennt und hoffentlich auch schon einmal erlebt hat. Wir vertrauen in unserem Alltag auf vielerlei Dinge, zum Beispiel, dass alle unsere elektronischen Geräte funktionieren, dass sauberes Wasser aus dem Wasserhahn kommt oder dass uns unser Auto sicher zur Arbeit bringt. Dies führt zu einer ersten Definition von Vertrauen als Erfahrungswert. In der Psychologie gibt es verschiedene Ansätze, Vertrauen zu betrachten – einer davon ist das Konzept des Vertrauens als Vertrautheit. Weil wir wissen, dass unsere Elektrogeräte im Normalfall funktionieren, weil wir tausendfach Wasser aus dem Wasserhahn verwendet haben und weil unser Auto bisher noch nie eine Macke hatte, vertrauen wir diesen Dingen. Wir wissen aus unserer Erfahrung, dass sie im Regelfall verlässlich sind.

Dieses Konzept lässt sich auch auf andere Menschen übertragen. Wir vertrauen jemandem, der uns bisher noch nie enttäuscht hat. Wenn wir einem Freund schon mehrfach Geheimnisse anvertraut haben und er noch nie eines davon ausgeplaudert hat, wissen wir, dass er verlässlich ist, und tendieren dazu, ihm weitere Geheimnisse anzuvertrauen. Dabei kommt das Konzept des Vertrauens als Erwartungshaltung zum Tragen – wir erwarten, uns auf andere verlassen zu können, zum Beispiel auf deren gegebene Versprechen („Ich sage niemandem etwas“). Bei den eigenen Eltern zum Beispiel geht die Psychologie vom Konzept des Urvertrauens aus. Alleine durch die enge biologische Bindung vertraut man den eigenen Eltern, vor allem der eigenen Mutter. Dieses Vertrauen schwindet erst, wenn es einmal enttäuscht wurde.

Zuletzt wird Vertrauen als Konzept der Reziprozität gedeutet, was nichts anderes heißt als: „Wie du mir, so ich dir.“ Ich gehe davon aus, dass ich einer Person, die mir vertraut, auch vertrauen kann. Kommt also ein Freund zu mir und vertraut mir ein Geheimnis an, gehe ich davon aus, dass ich ihm ebenfalls eines mitteilen kann, ohne dass er es weiterträgt – schließlich wissen wir gegenseitig etwas voneinander, was niemand sonst wissen soll (Hartmann, 2021).

Bei Vertrauensbrüchen denken viele direkt an eine extreme Form des Vertrauensbruchs, also zum Beispiel das Fremdgehen. Doch auch viel kleinere, auf den ersten Blick unspektakulärer erscheinende Handlungen können innerhalb der Beziehung zu einem Vertrauensbruch oder zu Rissen im vertrauensvollen Fundament führen.

Stellen Sie sich vor, Sie bitten Ihren Partner, etwas zu erledigen, etwa Flüge für den gemeinsamen Urlaub zu buchen, zum Elternabend des gemeinsamen

Kindes zu gehen oder wichtige Finanzunterlagen zum Steuerberater zu senden. Es handelt sich bei diesen Beispielen um alltägliche Situationen, die vermutlich in jeder Beziehung hin und wieder vorkommen. „Ich habe heute so viel zu tun, kannst du das für mich erledigen?“ – der Partner beantwortet die Frage mit Ja und sichert Ihnen zu, sich um das angesprochene Thema zu kümmern. Als Sie ihn wenig später fragen, ob er es schon erledigt habe, stellt sich heraus, dass er sich noch nicht darum gekümmert hat – er beteuert jedoch, sich nun direkt darum zu kümmern. Schlussendlich stellt sich heraus, der Partner hat die Aufgabe trotz mehrfacher Zusicherung nicht erfüllt – die Flüge sind nun ausgebucht, auf dem Elternabend war niemand oder die Frist zur Einreichung der Steuerunterlagen ist verstrichen.

Auch derart alltägliche Situationen können zum Vertrauensbruch führen. Sie müssen sich in einer Beziehung schließlich aufeinander verlassen können und wenn Ihnen Ihr Partner etwas verspricht, müssen Sie davon ausgehen können, dass er dieses Versprechen auch einhält. Anderenfalls wachsen die Zweifel in Ihnen: „Was, wenn er in anderen Situationen auch nicht Wort hält?“ Daraus kann sowohl eine Form der Eifersucht („Was, wenn sein Treueversprechen auch nicht ernst gemeint war?“) als auch ein generelles Misstrauen folgen („Ist er ein zuverlässiger / ehrlicher Mensch?“). Sind Kinder involviert, ist dieses Vertrauen sogar noch wichtiger, schließlich müssen in einer gesunden Partnerschaft beide Partner dem jeweils anderen ihr Kind anvertrauen können, ohne dabei Bedenken haben zu müssen.

Wie aber geht man nun mit einem Vertrauensbruch um? Ist das Vertrauen einmal beschädigt, muss aktiv etwas dafür getan werden, es wiederherzustellen.

Übungen:

Vertrauen wieder aufbauen nach einer Enttäuschung

1. Gefühle zulassen: Unterdrückte Wut und unterdrückte Trauer potenzieren sich in der Regel eher. Wenn wir die Gefühle unterdrücken, arbeiten sie in uns und finden keinen adäquaten Kanal. Lassen Sie daher Ihre Gefühle zu, wenn Sie wütend sind, seien Sie wütend, wenn Sie traurig sind, seien Sie traurig. Es ist in Ordnung, dass Sie sich fühlen, wie Sie sich fühlen – versuchen Sie nicht, dagegen anzukämpfen, sondern lassen Sie Ihren Gefühlen freien Lauf. Teilen Sie Ihrem Partner mit, wie Sie sich fühlen, was uns zum nächsten wichtigen Punkt führt.

2. Miteinander sprechen: Teilen Sie dem Partner mit, dass Ihr Vertrauen in ihn oder sie enttäuscht wurde. Das Thema offene Kommunikation haben wir bereits angesprochen – je offener und ehrlicher Sie miteinander kommunizieren, desto weniger Platz bleibt für Missverständnisse. Reden Sie offen über Ihre Gefühle, versuchen Sie dabei allerdings, keine Vorwürfe zu formulieren: „Du hast mich verletzt", „Es ist deine Schuld" etc. Selbst, wenn Sie in diesem Moment so empfinden, sollten Sie auch hier versuchen, stattdessen Ich-Botschaften zu senden: „Ich fühle mich verletzt" / „Mein Vertrauen wurde enttäuscht, daher fällt es mir aktuell schwer, dir zu vertrauen." Damit machen Sie Ihre Position deutlich, ohne eine Abwehrhaltung bei Ihrem Gegenüber zu erzeugen.

3. In der Ruhe liegt die Kraft: Ruhe und Geduld sind zwei wichtige Begleiter auf dem Weg zur Wiederherstellung des Vertrauens. Einmal verlorenes Vertrauen stellt sich nicht von heute auf morgen wieder her, daran müssen beide Partner konsequent arbeiten. Geben Sie sich also die Zeit, derjenige von beiden, der das Vertrauen missbraucht hat, wird seine Zeit benötigen, dieses durch Worte, Gesten und Taten wieder herzustellen, und auch der Enttäuschte wird seine Zeit benötigen, um das Vertrauen wieder aufbauen zu können. Bleiben Sie daher geduldig – es lohnt sich, das Vertrauen in Ihre Beziehung wieder herzustellen und dem Partner eine zweite Chance zu geben, auch wenn ein Vertrauensmissbrauch stattgefunden hat.

4. Gemeinsam den Weg skizzieren: Was kann der Partner tun, um das verloren gegangene Vertrauen wiederherzustellen? Einerseits sollte die Initiative von demjenigen kommen, der den Vertrauensbruch begangen hat, andererseits ist es auch an dem Partner, dessen Vertrauen missbraucht wurde, zu kommunizieren, wie eine Wiederherstellung erfolgen kann. Welche Gesten müssen vom Partner kommen, welche Worte oder Handlungen seinerseits führen auf Ihrer Seite dazu, dass Sie das verloren gegangene Vertrauen wieder gewinnen können? Unabhängig vom Verursacherprinzip müssen Sie beide durch diese Situation gehen, weshalb ein gemeinsamer Weg unerlässlich ist. Sprechen Sie miteinander und finden Sie zusammen den Weg zur Erneuerung Ihres Vertrauens.

GEMEINSAME ZIELE SETZEN

Wir haben bereits angesprochen, dass es in einer Partnerschaft essentiell ist, gemeinsame Ziele zu finden und auf diese Ziele hinzuarbeiten. Eine gemeinsame Mission zu haben, schafft für viele Paare einen Antrieb, dessen Auswirkung nicht zu unterschätzen ist. Vorfreude und das gemeinsame Arbeiten an einem Projekt sind Faktoren, die eine Bindung auf emotionaler Ebene stärken. Vielleicht kennen Sie das aus Ihren Erfahrungen im Beruf: Wenn Sie gemeinsam mit einem Kollegen ein schwieriges Projekt bearbeiten, sich genaue Ziele setzen und diese schließlich dank Ihrer guten und engen Zusammenarbeit auch erfüllen, schweißt Sie das enorm mit diesem Kollegen zusammen. Sie haben stets dieses gemeinsame Projekt im Hinterkopf, wenn Sie sich austauschen, und denken gerne an die Zeit zurück.

Dies sollte auch das Ziel für Ihre Partnerschaft werden: ein gemeinsames Projekt, gemeinsame Erinnerungen daran, was Sie zusammen geschafft haben, und zudem das Gefühl, als Paar etwas erreichen zu können. Wie bereits angesprochen, bedarf es dafür eines konkreten Plans. Ungefähre Vorstellungen davon, dass man irgendwann einmal irgendetwas zusammen machen möchte, reichen nicht aus, um das Fundament, auf dem Ihre Partnerschaft steht, stabiler zu gestalten. Beantworten Sie daher bei der Erstellung Ihres Plans die klassischen W-Fragen:

W-Fragen:

Was? – Was wollen Sie gemeinsam erreichen? Was ist Ihr Projekt? Wichtig dabei ist, dass Sie sich ein realistisches Ziel setzen, also eines, welches praktisch umgesetzt werden kann, ansonsten ist Ihr Plan nicht mehr als ein Luftschloss. Wenn Sie sich also als Ziel setzen, gemeinsam zum Mond zu fliegen, werden Sie dieses höchstwahrscheinlich nie erreichen. Zum Zweiten sollte Ihr gemeinsames Ziel etwas mit Ihnen als Menschen zu tun haben. Wenn Sie beide in der Großstadt leben und keinen großen Baum in Ihrer Umgebung vorfinden, ist beispielsweise das Projekt „Baumhaus bauen" weniger sinnvoll, als wenn Sie in einem ländlichen Gebiet leben, in dem es viele Bäume gibt, und zudem noch ein Kind haben, das gerne auf die Bäume klettert. Ihr gemeinsames Projekt soll keine auf dem Reißbrett entworfene Übung zur Beziehungsarbeit sein, sondern Ihre individuelle Beziehung tatsächlich stärken. Suchen Sie sich daher also etwas, das zu Ihnen passt und auf das Sie beide Lust haben.

Wann? – Setzen Sie sich einen festen Zeitpunkt, bis zu dem Sie das Ziel Ihres gemeinsamen Projektes erreicht haben wollen. Es muss sich dabei nicht um ein exaktes Datum handeln, aber zumindest um einen grob definierten Zeitraum: nächsten Sommer, Ende 2024, bis zur Geburt unseres Kindes etc. Die genaue zeitliche Festlegung verhindert, dass Sie Ihr Ziel aus den Augen verlieren und die erforderlichen Schritte immer wieder nach hinten verschieben. Sie kennen dies sicher noch aus Ihrer Schulzeit oder vielleicht auch aus dem Arbeitskontext: Je länger eine Frist, desto eher neigt man dazu, zu trödeln und den Fokus zu verlieren. Setzen Sie sich also einen relativ konkreten Zeitplan und versuchen Sie bestmöglich, diesen einzuhalten.

Wie? – Auch das Wie ist entscheidend, also die Art und Weise der Umsetzung. Legen Sie fest, wie Sie Ihr Projekt verwirklichen wollen, wenn Sie etwas bauen, kann das zum Beispiel bedeuten, dass Sie die Materialien und die Bauweise bestimmen, wenn Sie eine Reise planen, heißt es, die entsprechenden Transportmittel (Zug, Auto, Flugzeug) zu eruieren. Wenn Sie sich von vornherein über das Wie im Klaren sind, vermeiden Sie böse Überraschungen, wie etwa die Feststellung, dass Ihr Projekt auf dem Papier zwar wunderbar ausgesehen hat, Sie aber praktisch nicht die Kapazitäten, Materialien oder finanziellen Mittel dazu haben, es in die Tat umzusetzen. Außerdem nimmt Ihr Plan durch die genaue Definition konkretere Formen an und schafft somit eine höhere Verbindlichkeit.

Warum? – Machen Sie sich beide bewusst, wozu Sie Ihr gemeinsames Ziel definieren. Dies können verschiedene Gründe sein, zum Beispiel „Wir wollen einen Baum im Garten pflanzen, um unserem Kind eine etwas natürlichere Umgebung zu bieten" oder aber auch: „Wir machen etwas gemeinsam, um unsere Beziehung zu stärken und unsere Konflikte beizulegen." Der Grund, warum man etwas tut, ist essentiell für die Motivation. Auch hier heißt es, von der Pädagogik zu lernen. Wenn man Kindern den Sinn einer Arbeit oder eines Lerninhalts erklärt, sind diese motivierter und in der Regel auch produktiver, als wenn man bloß von ihnen verlangt, etwas zu tun, „weil es im Lehrplan steht". Behalten Sie das Ziel Ihres Projektes immer vor Augen, wenn Sie gemeinsam daran arbeiten.

Schritt 2: Aktives Zuhören und Empathie entwickeln

„In Partnerschaften muss man sich manchmal streiten, denn dadurch erfährt man mehr voneinander."
(Johann Wolfgang von Goethe)

Wir haben bereits gelernt, dass Konflikte durch missverständliche oder verdeckte Kommunikation entstehen können. Missverständnisse erwachsen jedoch oft aus zwei Quellen: einerseits, wenn beide Partner sich gegenseitig nicht richtig zuhören und daher wertvolle Informationen in der Kommunikation verloren gehen, andererseits, wenn die Partner sich nicht gut ineinander hineinversetzen können. Wenn das Grundverständnis für die Position und die Empfindung des jeweils anderen fehlt, gestaltet sich meist auch die Kommunikation schwierig. Daher soll es in diesem Kapitel um zwei weitere, wesentliche Bausteine für eine gesunde Beziehung gehen – um Kommunikation und Empathie.

Die Kunst des aktiven Zuhörens

Um Ihr Gegenüber wirklich zu verstehen, sollten Sie die Technik des aktiven Zuhörens anwenden. Beim passiven Zuhören hören Sie zwar die Worte des anderen, Sie lassen diese aber nicht vollends auf sich wirken, stellen keine Rückfragen – mit anderen Worten: Sie lassen die Worte Ihres Partners über sich ergehen, ohne selbst aktiver Teil des Gesprächs zu sein. Das passive Zuhören ist anfälliger dafür, im Geiste abzuschalten und somit wichtige Teile der Botschaft zu verpassen. Erinnern Sie sich zum Beispiel an Ihre Schulzeit. Wenn Sie passiv zugehört haben, also der Lehrer die komplette Unterrichtsstunde über monologisierte, während Sie versuchten, ihm zu folgen, haben Sie mit Sicherheit hier und da abgeschaltet, aus dem Fenster geschaut, etwas auf Ihren Block gekritzelt oder vielleicht sogar mit dem Sitznachbarn ein Schwätzchen gehalten. Ein Lehrer hingegen, der Sie als Schüler eingebunden und Sie aktiv am Unterricht beteiligt hat, hat viel mehr Aufmerksamkeit in Ihnen geweckt, sodass Sie vermutlich auch mehr Stoff aus dem Unterricht behalten haben.

Beim aktiven Zuhören sind Sie als Zuhörer ebenfalls eingebunden. Sie sollen insofern aktiv werden, dass Sie Nachfragen stellen oder aktiv Rückmeldung geben, dass Sie verstanden haben, was Ihr Gegenüber Ihnen erzählt.

A: „Ich bin heute schlecht drauf, weil es auf der Arbeit enorm stressig war."
B: „Ah, okay."
A: „Immer werde ich mit Arbeit überschüttet und erledige sie dann auch, aber andere Kollegen drücken sich, wo sie nur können."
B: „Hm, verstehe."
A: „Ich fühle mich da einfach ausgenutzt. Es kann doch nicht sein, dass ich die Einzige bin, die in dieser Firma etwas arbeitet."
B: „Ja, das stimmt."

In diesem Gespräch erzählt A und B hört aktiv zu. Er trägt im klassischen Sinne nichts zu der Konversation bei, schildert keine eigenen Perspektiven oder Anekdoten, dennoch bekräftigt er A in dem, was dieser erzählt, und vermittelt den Eindruck, am erzählten Geschehen teilzuhaben. Durch die Reaktion hält B jedoch auch seine eigene Aufmerksamkeit hoch und bleibt in der Thematik. Durch den Ausdruck „Ja, das stimmt" zeigt er zudem Zustimmung und Empathie, er signalisiert dem Gegenüber: Du hast recht mit dem, was du sagst. Ich weiß, wie du dich fühlst.

Eine weitere Technik des aktiven Zuhörens ist die sogenannte Echo-Technik. Dabei erzählt A und B greift das letzte Wort aus dem Satz von A auf und wiederholt es.

A: „Auf der Arbeit war es enorm stressig."
B: „Stressig, ja ..."
A: „Ja, total und die Kollegen machen nichts."
B: „Nichts?"
A: „Nein, ich mache die ganze Arbeit alleine."

Somit signalisiert B, dass er aktiv am Gespräch teilnimmt und die Kernaussage, also die Botschaft in den Aussagen, von A versteht. Um sich gegen eventuelle Missverständnisse abzusichern, erfolgt die Wiederholung.

Aktives Zuhören ist also eine besondere Form der Kommunikation, die das gegenseitige Verständnis fördert. Dafür müssen jedoch bei beiden Gesprächspartnern gewisse Voraussetzungen gegeben sein.

Der US-amerikanische Psychologe Carl Rogers hat drei Grundvoraussetzungen für das aktive Zuhören beschrieben:

- **Offene Grundhaltung:** Hierzu können verbale Äußerungen in Form von Zustimmung, nonverbale Äußerungen wie Nicken oder eine offene, zugewandte Körpersprache gezählt werden. Wir müssen uns einerseits in unser Gegenüber hineinversetzen können (Empathie) und andererseits offen für dessen Äußerungen sein.
- **Prinzipielles Wohlwollen:** Sowohl der Zuhörende als auch der Sprechende soll dem anderen grundsätzlich offen gegenübertreten. Man sollte den anderen respektieren und ihn als gleichwertigen Gesprächspartner akzeptieren. Dies nennt Rogers auch „Akzeptanz und positive Beachtung der anderen Person".
- **Authentisches Auftreten:** In unserer Kommunikation sollten wir stets versuchen, natürlich zu sein und uns nicht zu sehr zu verstellen. Wenn wir anders auftreten, als wir eigentlich empfinden, erschwert das unserem Gesprächspartner zudem seine empathische Grundhaltung, denn er weiß nicht, wie er mitfühlen soll, wenn wir unsere Gefühle nicht richtig offenbaren. Die Kommunikation sollte also offen erfolgen.

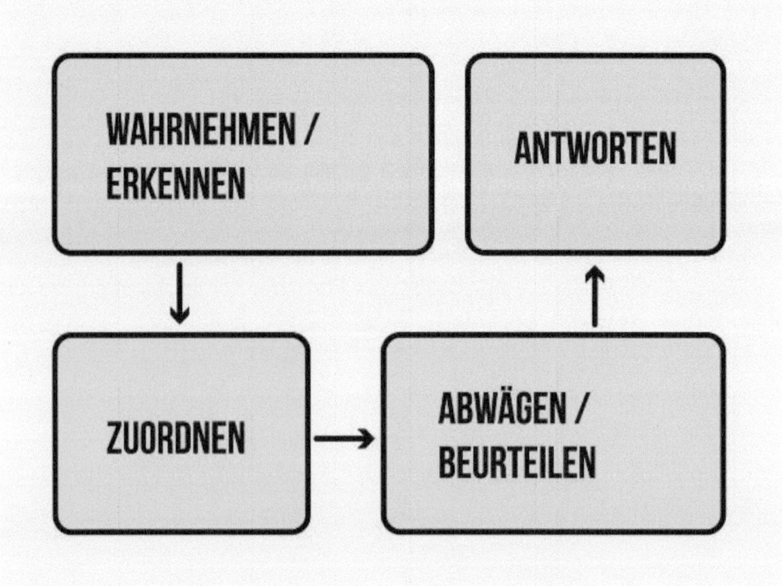

Biographie:
Carl Rogers

Carl Ransom Rogers (1902–1987) war ein US-amerikanischer Psychologe und Therapeut, der insbesondere für die Entwicklung der sogenannten klientenzentrierten Psychotherapie bekannt geworden ist. Sein Ansatz wird bis heute vor allem in Paartherapien und Gesprächstherapien, in denen der zu behandelnde Klient im Mittelpunkt steht, angewendet.

Rogers wuchs in einem Vorort von Chicago mit fünf Geschwistern auf und genoss eine christlich-fundamentalistische Erziehung, die er als sehr streng und geordnet bezeichnete. Somit verwunderte es nicht, dass er nach seinem Schulabschluss zunächst Theologie studierte. 1922 reiste er zu einer internationalen christlichen Studierendenkonferenz nach China, wo er nach eigener Aussage unabhängig wurde und sich von den streng religiösen Ansichten des Elternhauses emanzipierte. Unter anderem begann er, Freud und dessen psychoanalytische Schriften zu lesen, und machte sich mit psychotherapeutischen Ansätzen vertraut.

Rogers grenzte sich von Freud insofern ab, dass er das Individuum als einzigartig betrachtete und den Menschen mit seiner Persönlichkeit in den Mittelpunkt seiner Untersuchungen stellte. So arbeitete er nach dem Zweiten Weltkrieg mit heimgekehrten Kriegsveteranen und betreute diese psychologisch. 1961 schließlich erschien sein wohl bedeutendstes Werk „Die Entwicklung der Persönlichkeit", ein Standardwerk der Persönlichkeitspsychologie. In den Folgejahren trat Rogers auch immer wieder als Aktivist auf den Plan, so gründete er das Carl Rogers Peace Project, in dem es unter anderem um Fragen nach der Verhinderung eines Atomkriegs oder um die Bekämpfung der Apartheid in Südafrika ging.

1985 musste er sich einer komplizierten Hüftoperation unterziehen, von deren Folgen er sich nie richtig erholte. 1987 starb er in La Jolla, einer Kleinstadt nahe San Diego, die vor vielen Jahren zu seiner Wahlheimat geworden war.

Durch aktives Zuhören wird also die Kommunikation innerhalb Ihrer Partnerschaft gestärkt. Beide Seiten fühlen sich wertgeschätzt und verstanden, zudem kommt es zu weniger Missverständnissen und vieles, was in einer „normalen" Kommunikation an Zwischentönen verloren geht, bleibt hier erhalten. Aktives Zuhören dient

- der Reduktion von kommunikativen Missverständnissen,
- der Stärkung von Empathie,
- der Verbesserung der Beziehungshygiene durch erhöhtes gegenseitiges Verständnis.

Aktives Zuhören kann zudem geübt werden. Wenn Sie in ernsten Gesprächen in Zukunft diese Technik anwenden möchten, können Sie sie zuvor auch in einer Art Testlauf einüben. Sprechen Sie dabei über ein Thema, das Sie beide tatsächlich interessiert. Zuerst spricht der eine von Ihnen, dann der andere. Der zuhörende Gesprächspartner versucht bewusst, aktiv zuzuhören.

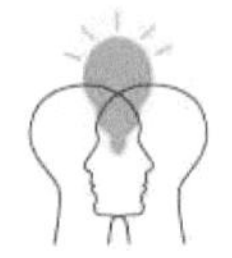

Übung:

Aktiv zuhören

1. Genau hinhören und hinsehen: Der grundlegende Bestandteil des aktiven Zuhörens ist das genaue Hinhören. Achten Sie auf die Worte und die Wortwahl Ihres Partners, aber auch auf dessen Gestik und Mimik. Will er eventuell etwas zwischen den Zeilen ausdrücken, was erst bei genauerem Hinhören offensichtlich wird? Gibt es bestimmte körpersprachliche Hinweise für bestimmte Emotionen? Hören und sehen Sie daher genau hin und lassen Sie sich während des Gesprächs keinesfalls ablenken. Konzentration und Aufmerksamkeit während des Dialogs sind die Basis des aktiven Zuhörens.

2. Nachhaken: Sobald Sie irgendetwas nicht genau verstanden haben, haken Sie nach und lassen Sie es sich erklären. Selbst, wenn alles klar sein sollte, kann die aktive Frage als Signal an den Sender genutzt werden: „Ich höre dir zu, ich verstehe, was du mir sagen willst." Seien Sie also nicht bloß passiver Empfänger, sondern nehmen Sie auch dann jederzeit aktiv am Gespräch teil, wenn der andere spricht. Lassen Sie das Gesagte auf sich wirken und versichern Sie sich am Ende des Gesprächs noch einmal durch kurzes Nachhaken, dass Sie wirklich alles richtig verstanden haben.

3. Positive Signale senden: Körpersprache und Stimmlage werden innerhalb eines Gesprächs oftmals vom Gegenüber gespiegelt. Wenn Sie eine offene Körperhaltung zeigen und sich zum Beispiel beim Sprechen nach vorne lehnen, wird Ihr Gegenüber sehr wahrscheinlich ebenfalls eine offene, zugeneigte Körpersprache zeigen. Sprechen Sie ruhig und betont, wird Ihr Gegenüber sich Ihrem Sprechrhythmus ebenfalls anpassen und ebenso ruhig und gelassen bleiben. Senden Sie daher während des aktiven Zuhörens positive Signale an den Partner aus und Sie werden sehen, dass Sie diese Positivität gespiegelt bekommen. So schaffen Sie eine angenehme Grundstimmung während eines Gesprächs.

Empathie als Schlüssel zur Verbindung

Konflikte können vor allem dann innerhalb einer Partnerschaft entstehen, wenn das Verständnis für den jeweils anderen nicht vorhanden ist. Wenn wir uns nicht in die Perspektive des anderen hineinversetzen können, wird es für uns schwierig, deren Position in einem Streitgespräch zu verstehen. Der Schlüssel zum besseren Verständnis lautet Empathie – also die Fähigkeit, sich in einen anderen Menschen hineinzuversetzen und dessen Emotionen zu verstehen und ein Stück weit nachzuempfinden.

Je besser Sie sich gegenseitig verstehen und auf die Gefühle des anderen eingehen können, desto weniger grundsätzliche Konflikte werden Sie auszutragen haben. Versuchen Sie also, empathisch zu sein und nicht nur Ihre eigene Perspektive, sondern stets auch die Perspektive Ihres Partners mit wahrzunehmen. Mit den folgenden Übungen erhöht sich Ihr Empathie-Level spürbar.

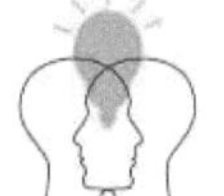

Übungen:

Mehr Empathie gewinnen

Auseinandersetzung mit den *eigenen* Gefühlen: Empathie bedeutet nichts anderes als Einfühlungsvermögen, Sie lernen also, sich in andere hineinzuversetzen. Um die Gefühle anderer verstehen zu können, ist es jedoch unerlässlich, die eigenen Gefühle zu verstehen. Setzen Sie sich daher mit Ihren eigenen Gefühlen und Empfindungen auseinander und nehmen Sie bewusst wahr, in welchen Situationen welche Gefühle in Ihnen aufkommen. Wenn Sie diese Erkenntnis gewonnen haben, können Sie sich besser und schneller in die Situation anderer Menschen hineinversetzen. *Wie denke / fühle ich in einer Situation? Was würde mir in dieser Situation guttun, was würde mir schaden?*

Beobachtung der anderen: Beobachtung ist ein wesentlicher Bestandteil von Forschung. Sozialwissenschaftler beobachten gesellschaftliche Prozesse, Physiker beobachten kleine Teilchen und deren Verhalten und Naturforscher beobachten das Verhalten wilder Tiere in ihrem natürlichen Lebensraum. Aus präziser Beobachtung kann man wichtige Erkenntnisse gewinnen, dies gilt auch für Kommunikation. Beobachten Sie Ihre Mitmenschen im Alltag genauer und gezielter, sei es in der S-Bahn, im Café oder bei einem Spaziergang durch die Stadt. Die Aufmerksamkeit kann hierbei sowohl auf Gespräche als auch auf körpersprachliche Aspekte gerichtet sein. Durch Beobachtung lernen Sie, andere Menschen besser zu verstehen und deren Verhalten einordnen zu können.

Ausblenden von Vorurteilen: Der Jurist und Buchautor Ferdinand von Schirach (* 1964 in München) erzählte in einer Gesprächssendung des Schweizer Rundfunks von Inspirationen für seine Bücher und verwies dabei auf sein Motto *„Mehr beobachten, weniger urteilen"* (Schirach, 2018). Was von Schirach damit meint, ist, dass man bei der Beobachtung seine Vorurteile ausblenden sollte. Empathisch sein bedeutet, niemanden aufgrund des ersten Eindrucks zu verurteilen. Nehmen wir an, Sie begegnen einer Person, die auf den ersten Eindruck ungepflegt wirkt. Ihr Vorurteil lautet: „Der ist bestimmt unsauber und daher auch unangenehm, mit solchen Leuten möchte ich nichts zu tun haben." Doch wenn Sie mit diesem Vorurteil an die Begegnung herangehen, verpassen Sie die Gelegenheit, die Person näher kennenzulernen. Jeder Mensch hat gewisse Vorurteile, wichtig ist es bloß, diese zu reflektieren und sich nicht zu stark von diesen beeinflussen zu lassen. Ansonsten verpassen wir die Gelegenheit, einen Menschen in all seinen Facetten zu begreifen und seine Persönlichkeit kennenzulernen. Genau dieses tiefe Verständnis erzeugt allerdings Empathie.

Verständnis zeigen: Aus der Beobachtung und der Offenheit / Toleranz (nicht verurteilen) der anderen erwächst ein Verständnis. Versuchen Sie, Ihre Mitmenschen tatsächlich zu verstehen, so wie Sie auch sich selbst und Ihre eigenen Motivationen und Ziele versucht haben, zu verstehen. Was treibt mein Gegenüber an? Warum verhält es sich auf diese Art und Weise in einer bestimmten Situation? Warum hat jemand zum Beispiel Angst, wenn er ein lautes Geräusch hört? Hat er in der Vergangenheit schlechte Erfahrungen gemacht oder stammen seine Eltern aus einer Kriegsregion und haben ihm von Kindesbeinen an erklärt, dass laute Geräusche Gefahr bedeuten? Selbst wenn Sie nicht nachempfinden können, was Ihr Gegenüber fühlt, können Sie dennoch Rücksicht nehmen: „Ich verstehe, dann gehen wir nicht zusammen auf ein lautes Festival, sondern lieber ins Kino oder ins Café."

Sich selbst nicht vergessen: Empathie und Achtsamkeit hängen eng miteinander zusammen. Bei allem Verständnis und allem Einfühlungsvermögen für andere sollten Sie niemals Ihr eigenes Wohlbefinden vergessen oder es dem der anderen unterordnen. Versuchen Sie daher, eine ausgewogene Balance aus Empathie und Selbstachtsamkeit zu finden und sowohl sich selbst als auch Ihrem Umfeld Gutes zu tun.

Trainieren Sie also Ihre Empathie und lernen Sie so, sich besser in andere Menschen, also auch in Ihren Partner, hineinzuversetzen. Wenn Sie sich innerhalb Ihrer Beziehung gegenseitig mit Empathie und Einfühlungsvermögen begegnen, werden Sie feststellen, dass Ihre Beziehung direkt harmonischer wird.

Umgang mit Konflikten durch Verständnis

Je nach Schwere des Konflikts ist es bisweilen schwierig, seinem Konfliktpartner Verständnis entgegenzubringen. Sie fühlen sich von ihm enttäuscht oder emotional verletzt, weshalb es Ihnen schwerfällt, seine Argumente zu hören und seine Position zu verstehen. Dennoch sollten Sie genau das in einem Konflikt versuchen. Lassen Sie sich auf Ihr Gegenüber ein und begegnen Sie ihm erst einmal mit einem gewissen Grundverständnis. Das heißt nicht, dass Sie in einer konkreten Situation sein Handeln verstehen müssen, aber Sie erkennen damit sein grundsätzliches Recht an, eine andere Position zu vertreten: „Ich verstehe, dass du das anders siehst. Auch wenn ich deinen Standpunkt nicht nachvollziehen kann, verstehe ich, dass du ihn vertrittst."

Verstehen bedeutet zunächst auch, Klarheit über die eigenen Gedanken zu gewinnen. Nur so kann Verständnis für die Gedankengänge anderer entstehen. Schaffen Sie also Klarheit bezüglich Ihrer eigenen Position und reflektieren Sie diese anschließend: „Wo habe ich unter Umständen Denkfehler oder Probleme in meiner Argumentation?", „Welche Aspekte meiner Ansicht könnte man auch anders beurteilen?" Lassen Sie uns ein schlichtes Beispiel betrachten: Sie ist wütend, weil er versprochen hat, sich verstärkt an den Aufgaben im Haushalt zu beteiligen. Er wiederum nimmt diese Aufgaben nicht ernst und lässt diese entsprechend schleifen.

Sie: „Ich komme nach Hause und alles ist chaotisch, aber du sitzt einfach nur auf dem Sofa. Du hast mir doch versprochen, dass du dich um den Haushalt kümmerst."
Er: „Ich mache das später noch, aber nach der Arbeit war ich einfach zu müde."
Sie: „Ich muss auch arbeiten und mich stört es, wenn ich nach acht Stunden Arbeit in eine chaotische Wohnung komme."

Dieser Konflikt wird vermutlich in einigen Beziehungen auftreten. Nun gibt es verschiedene Wege, diesen auszutragen. Eine Möglichkeit ist die Konfrontation. Beide beharren auf ihrem Standpunkt („Es ist egal, wann die Wohnung geputzt wird" vs. „Ich möchte eine saubere Wohnung haben") und streiten sich. Es gibt keine Einigung und am Ende sind beide Partner unzufrieden. Sie ärgert sich über seine Faulheit und beklagt mangelnde Unterstützung, er hingegen hält ihr vor, zu penibel und bevormundend zu sein. Ein solcher Dauerkonflikt belastet die Beziehung. Daher ist es wesentlich besser, mit Verständnis an die Sache heranzugehen.

Sie: „Vielleicht war es wirklich zu stressig für ihn auf der Arbeit. Er setzt andere Prioritäten. Für ihn ist eine aufgeräumte Wohnung nicht so wichtig wie für mich. Dafür erledigt er andere Dinge sehr zuverlässig. Ich finde es schade, dass er nicht mir zuliebe über seinen Schatten springt und trotzdem aufräumt, aber ich kann seine Motivation verstehen."

Er: „Sie ist sauer und eigentlich ist mir jede Diskussion nach meinem anstrengenden Arbeitstag zu viel. Aber sie hat natürlich auch recht, dass ich hätte aufräumen können. Mir ist es nicht so wichtig, aber ihr bedeutet es mehr. Ich würde mir wünschen, dass sie mehr Verständnis dafür aufbringt, dass ich nach der Arbeit erschöpft bin, andererseits arbeitet sie auch, warum sollte sie zusätzlich noch den Haushalt alleine machen?"

Beide bleiben zwar bei ihrer Position, äußern aber ein grundlegendes Verständnis der Position des anderen. Dies ist der erste Schritt hin zum Kompromiss und weg vom Konflikt.

Übungen zur Verbesserung des Zuhörens und der Empathie

Zuhören und Empathie sind die Schlüsselbegriffe dieses Kapitels. Fassen wir also noch einmal zusammen, mit welchen Übungen Sie beides trainieren können.

Übungen:

1. Konzentriert zuhören: Konzentriertes Zuhören können Sie auf viele verschiedene Arten lernen. Eine Möglichkeit ist es, sich Vorträge oder Vorlesungen anzuhören, von denen Sie inhaltlich und thematisch keinerlei Ahnung haben. Auf YouTube finden Sie zahlreiche Vorträge zu diversen Themen, sei es Quantenphysik, Wirtschaftsmathematik oder Humangeographie. Verfolgen Sie einen solchen Vortrag und bleiben Sie dabei konzentriert. Es geht nicht nur darum, den Inhalt zu verstehen, sondern auch darum, konzentriert bis zum Ende zuzuhören. Notieren Sie sich Fragen, die Ihnen beim Hören in den Sinn kommen. Am besten ist es natürlich, einen solchen Vortrag live zu hören und die Fragen direkt zu stellen, doch dies gestaltet sich meist zeitlich schwierig. Wenn Sie einige Vorträge gehört haben und dabei stets konzentriert geblieben sind, werden Sie feststellen, dass Ihr Hörverständnis sich merkbar gebessert hat.

2. Mimik und Gestik studieren: Eine Verbesserung Ihrer Empathie können Sie erreichen, indem Sie vielfältige Emotionen anhand von Gestik und Mimik anderer studieren. In der ersten Übung ging es verstärkt um den Inhalt des Gesprochenen, hier geht es um den anderen Aspekt von Kommunikation – der Inhalt spielt dabei keine Rolle, denn es geht uns darum, die Emotionen nicht aus dem Gesagten, sondern aus den nonverbalen Signalen zu abstrahieren. Achten Sie also, wenn Sie mit einer Person sprechen, ganz bewusst fast ausschließlich auf ihre Körpersprache. Was signalisiert sie Ihnen? Üben können Sie diese Sensibilisierung für das Nonverbale zum Beispiel mit Filmen in einer Fremdsprache. Es sollte allerdings eine Sprache sein, die Sie nicht verstehen, also am besten kein Englisch und selbst Französisch oder Italienisch ist uns oft noch zu nah. Schauen Sie zum Beispiel eine Dokumentation oder auch eine Serie auf Spanisch oder Portugiesisch ohne Untertitel und beobachten Sie dabei nur die Gesten und die Gesichtsausdrücke der Darsteller. Welche Emotionen werden vermittelt, wie werden sie gezeigt? Dieselbe Übung funktioniert wunderbar im Alltag, wenn Sie an der Bushaltestelle oder Supermarktkasse stehen und jemand telefoniert oder unterhält sich in einer Fremdsprache. Beobachten Sie Gestik und Mimik Ihrer Mitmenschen und versuchen Sie, die Emotionen zu verstehen.

3. Mit Fremden sprechen: Der US-amerikanische Bestseller-Autor Paul Auster publizierte eine Sammlung von Essays, Notizen und kleinen Begebenheiten, die er im Laufe seines Lebens in New York und Paris erlebt hatte, unter dem Titel *„Mit Fremden sprechen"*. Etwa in der Mitte des Buches taucht der Buchtitel als Satz auf – als Ratschlag an den Leser, fast beiläufig, läse man unkonzentriert, könnte man ihn fast übersehen. Dennoch scheint der Ratschlag, man solle mit einem Fremden sprechen, für Auster derart essentiell gewesen zu sein, dass er nach diesem Satz sein gesamtes Buch benannte. Mit einem Fremden zu sprechen, fördert die Empathie und die Offenheit gegenüber der Welt, die uns umgibt. Gehen Sie daher bewusst auf einen Fremden zu und suchen Sie das Gespräch. Auch hierbei ist selbstredend Fingerspitzengefühl gefragt, Sie sollten niemanden stören; auch wenn Sie das Gefühl haben, dass Ihrem Gegenüber das Gespräch unangenehm ist, sollten Sie lieber davon ablassen. Ergibt sich aber eine Situation im Zug, im Fitnessstudio, beim Bäcker oder an sonst irgendeinem Ort, den Sie im Laufe des Tages besuchen, nehmen Sie sie wahr. Es muss sich um kein tiefgreifendes philosophisches Gespräch handeln, doch zumindest ein paar Sätze sollten Sie miteinander wechseln. Sie brechen damit nicht nur aus Ihrer Komfortzone aus, sondern werden auch empathischer und empfänglicher für Emotionen anderer.

4. Achtsam sein: Achtsamkeit ist ein weiterer wichtiger Begriff für das Gelingen Ihrer Beziehung. Achtsam zu sein bedeutet, die Antennen auszufahren und offen für Signale zu sein, die andere oder unsere Umgebung uns senden. Schauen Sie genau hin und entwickeln Sie ein Gefühl für Stimmungen des Partners. Wenn Sie dessen Gemütsverfassung frühzeitig erkennen, können Sie direkt darauf reagieren, Sie können auf Ihren Partner eingehen, ihm zuhören und ihm Empathie entgegenbringen. Seien Sie also offen für Signale und verschließen Sie sich nicht, auch wenn die Menschen im Alltag manchmal dazu neigen, dies zu tun. Achtsamkeit ist eine Grundvoraussetzung für eine gesunde, empathische Beziehung.

Schritt 3: Konstruktive Kommunikation fördern

„Man macht Lärm und glaubt, sich zu unterhalten.
Man macht Grimassen und glaubt, sich zu verstehen."
(T. S. Eliot)

Ein berühmter Satz von Paul Watzlawick lautet: „Man kann nicht nicht kommunizieren." Auf irgendeine Art und Weise, sei es verbal, also durch einen Sprechakt, oder nonverbal über Mimik und Gestik, kommunizieren wir jederzeit mit unserem Gegenüber. Ein langes Gespräch ist dabei ebenso Kommunikation wie ein Augenzwinkern oder eine abwehrende Körperhaltung. Daher ist es nur logisch, dass der Schlüssel vieler Konflikte in Beziehungen auf der kommunikativen Ebene zu suchen ist. Oder noch leichter gesagt: Konflikte entstehen durch schieflaufende Kommunikation. Insbesondere in langen Beziehungen können sich zudem kommunikative Gewohnheiten einschleichen, die beim jeweils anderen Partner eine Abwehrhaltung auslösen: „Immer lässt du das schmutzige Geschirr stehen" – „Musst du mich dauernd kritisieren?" Verbessern Sie daher Ihre Fähigkeiten zur konstruktiven Kommunikation und gestalten Sie Ihre Beziehung harmonischer.

Die Bedeutung positiver Kommunikationsmuster

Entscheidend für das Gelingen einer Kommunikation ist das *Kommunikationsmuster*. Das heißt: Wie gehe ich an eine zwischenmenschliche Begegnung heran? Begegne ich dem anderen mit Skepsis, Distanz oder sogar Furcht oder bin ich offen und freundlich eingestellt? Oftmals wird unsere Haltung von unserem Gegenüber gespiegelt, das heißt, wenn wir freundlich auf andere zugehen und eine offene, einladende Körpersprache zeigen, wird auch unser Gegenüber freundlicher und offenherziger auf uns zugehen. Sie erhalten eine bessere Resonanz und fühlen sich auch selbst besser, wenn Sie positiv an eine kommunikative Interaktion herantreten. Hierbei gilt es, folgende Aspekte zu beachten:

Gleichwertigkeit

Um erfolgreich miteinander kommunizieren zu können, müssen sich beide Kommunikationspartner als *gleichwertig* wahrnehmen. Nur so kann eine Kommunikation auf Augenhöhe erfolgen. Wenn Sie Ihren Gesprächspartner von vornherein abwerten, werden Sie niemals zu einem Konsens oder einer gemeinsamen Lösung finden, da Sie dessen Meinungen oder Argumente immer als minderwertig abtun können. Wir erleben derartige Abwertungen im Alltag relativ häufig, sowohl in Bezug auf Individuen als auch auf Gruppen.

Stellen wir uns einen Mann vor, der mit seiner Partnerin diskutiert. Er trägt eine misogyne Grundhaltung, da er die Argumente von Frauen und auch Frauen selbst grundsätzlich als minderwertig betrachtet: „Du hast ja keine Ahnung, du bist doch bloß eine Frau." Ähnlich verhält es sich mit rassistischen Denkschemata, bei denen Menschen anderer Herkunft oder Hautfarbe per se als dümmer oder irrationaler abgestempelt werden, sodass man sich mit ihren Argumenten nicht auseinandersetzen muss. In der Geschichte der Menschheit haben wir gesehen, wohin eine derartig pauschale und kollektive Abwertung von Gruppen führen kann – nämlich zu Unterdrückung, Ausgrenzung und Gewalt. Wir sollten daher niemals den Fehler begehen, eine (soziale) Gruppe als nicht gleichberechtigt oder gleichwertig anzusehen, sondern uns ausschließlich auf deren Argumente konzentrieren.

Ebenso wenig sollten wir diesen Fehler auf einer individuellen Ebene begehen, also etwa einen Menschen, der über eine geringe Schulbildung oder ein niedriges Einkommen verfügt, als minderwertig und nicht auf Augenhöhe betrachten. Beispielsweise im Arbeitskontext kommt diese individuelle Abwertung besonders in hierarchisch strukturierten Betrieben relativ häufig vor: „Du hast mir nichts zu sagen, ich bin der Vorgesetzte und ich entscheide!" Doch auch mit dieser Einstellung ist selten etwas gewonnen, weshalb die meisten modernen Unternehmen eher auf flache Hierarchien setzen, damit sich auch leitende und ausführende Angestellte in ihrer Kommunikation auf Augenhöhe begegnen können.

Eine gleichwertige Kommunikation ist selbstredend auch innerhalb einer Partnerschaft unerlässlich. Ganz egal, wer von Ihnen der Ältere, der besser Gebildete oder der Hauptverdiener in der Partnerschaft ist – der Respekt vor und die Akzeptanz der anderen Person muss zu jedem Zeitpunkt gegeben sein, anderenfalls kann Kommunikation in Ihrer Beziehung nur misslingen.

Akzeptanz

Wir müssen unser Gegenüber also als grundsätzlich gleichwertig betrachten. Das heißt allerdings noch nicht, dass wir ihn oder sie auch *akzeptieren*. Stellen Sie sich vor, Sie befinden sich in einem Streitgespräch mit Ihrem Partner. Sie werten ihn nicht aufgrund einer Eigenschaft ab, sondern akzeptieren, dass er auf Augenhöhe mit Ihnen kommunizieren kann. Auf der anderen Seite sind Sie in diesem Moment sauer auf Ihren Partner und hatten zudem in der Vergangenheit bereits des Öfteren Konflikte mit ihm auszutragen. Sie sehen ihn also als gleichwertig, aber Sie akzeptieren ihn, aufgrund der konfliktreichen Vorgeschichte, dennoch in diesem Moment nicht.

Mit Ihrem Nachbarn, den Sie auf einer persönlichen Ebene schätzen und mit dem Sie sich häufig kurz von Tür zu Tür unterhalten, würden Sie denselben Konflikt höchstwahrscheinlich mit einer anderen Grundhaltung diskutieren. Auch wenn Sie sich inhaltlich unter Umständen uneins wären, wäre Ihre Positionierung zum Gesprächspartner eine vollkommen andere. Je stärker die emotionale Involviertheit in einem Gespräch ist, desto schwieriger ist es bisweilen, bei einer positiven Grundhaltung zu bleiben. Gerade, weil wir unseren Partner lieben, sind wir umso enttäuschter oder wütender, wenn wir in einen Konflikt mit ihm geraten. Unabhängig von der Stärke der Emotionen sollten Sie sich jederzeit dessen bewusst sein, dass eine Auseinandersetzung immer zuerst auf der inhaltlichen Ebene erfolgen sollte. Lassen Sie das Streitgespräch daher nicht zu sehr in Richtung der emotionalen Ebene kippen – oder anders gesagt: Akzeptieren Sie Ihr Gegenüber, egal, was zuvor vorgefallen ist.

Eine Methode zur genauen Analyse zwischenmenschlicher Kommunikation ist die sogenannte *Transaktionsanalyse.* Diese beschreibt vier verschiedene Lebensgrundpositionen, die auch als „Okay-Positionen" bezeichnet werden:

Ich bin okay – Du bist okay

Jemand, der die Welt aus dem Blickwinkel „Ich bin okay – Du bist okay" betrachtet, hat eine positive Grundhaltung sich und anderen gegenüber. Konflikte oder Missstände wird diese Person tendenziell auf die Umstände und Gegebenheiten zurückführen und weniger auf das Handeln der Personen. Außerdem ist diese Person eher zu Kompromissen und zur Lösungsfindung bereit: „Wenn ich okay bin, du aber auch, und es dennoch zu einem Konflikt kam, haben wir unter Umständen beide dazu beigetragen, aber wir beide können auch wiederum Teil der Lösung sein" – daher ist diese Grundposition für ein soziales und ausgeglichenes Miteinander am förderlichsten.

Ich bin okay – Du bist nicht okay

Ein Mensch mit der Grundhaltung „Ich bin okay – Du bist nicht okay" sucht Ursachen für Probleme nicht bei sich, sondern entweder bei den anderen oder bei den Umständen. Problematisch ist hierbei oft die Abwertung der anderen, die wir bereits als kommunikatives No-Go erkannt haben: „Wenn es zu einem Konflikt kommt, ich aber okay bin und du nicht, dann bist du schuld an dem Konflikt." Diese Grundhaltung ist zudem wenig lösungsorientiert, denn für eine gemeinsame Lösung bedarf es stets der Akzeptanz beider Seiten. Außerdem werden Personen, die nach diesem Schema denken und agieren, sich häufig machtlos und hilflos fühlen, da sie andere und die Umwelt für Probleme verantwortlich machen und sich den Unzulänglichkeiten der anderen ausgeliefert sehen.

Ich bin nicht okay – Du bist okay

Diese Grundposition ist das exakte Gegenteil zur eben besprochenen. Hierbei werten sich die Betroffenen selbst ab und sehen sich als Ursache von Problemen, wohingegen andere Menschen oder äußere Umstände als unschuldig wahrgenommen werden. Auch diese Haltung kann aktives Handeln und eine Lösungsfindung blockieren, denn wenn wir uns als minderwertig wahrnehmen, sind wir ebenfalls blockiert, da wir dazu neigen, den anderen ständig recht zu geben und unsere eigenen Positionen und Bedürfnisse hintenanzustellen. Eine negative Selbstwahrnehmung in Kombination mit einem geringen Selbstwertgefühl kann zudem zu psychischen Beeinträchtigungen, wie etwa depressiven Erkrankungen, führen.

Ich bin nicht okay – Du bist nicht okay

Hierbei handelt es sich um die Grundposition der Hoffnungslosigkeit und der Verzweiflung. Wir empfinden uns selbst als nicht handlungsfähig, sehen aber auch die anderen in einem schlechten Licht. „Die Welt ist schlecht, aber ich bin es auch" – so oder zumindest so ähnlich lässt sich diese Position zusammenfassen. Sie ist in keiner Weise praxistauglich und kann in der Regel auch nicht lange aufrechterhalten werden. Menschen, die diese Grundposition über einen längeren Zeitraum innehaben und/oder sie stark internalisiert haben, sollten unter Umständen professionelle psychologische Hilfe in Anspruch nehmen.

Die Menschen sind okay

Mit dieser einfachen Grundannahme gehen Sie wesentlich positiver durch den Alltag. Sie betrachten Ihr Gegenüber als gleichwertig, und das ohne eine Bedingung daran zu knüpfen. Was zunächst banal klingen mag, ist bei genauerer Betrachtung gar nicht so einfach. Wie oft erleben wir Situationen, in denen wir uns über andere Menschen ärgern und sie dabei indirekt herabwürdigen?

- „Dieser Idiot hat mir die Vorfahrt genommen."
- „Was bildet dieser Trottel sich ein, sich an der Kasse vorzudrängeln?"
- „Oh Gott, wieder so einer, der Spenden auf der Straße sammelt – nichts wie weg, mit so einer Nervensäge will ich nicht sprechen."

Sicherlich mag es unangenehm sein, wenn jemand sich an der ohnehin schon vollen Supermarktkasse vordrängelt oder wenn Sie bei Ihrem Samstagsspaziergang von einem übereifrigen Spendensammler angesprochen werden. Doch die positive Grundhaltung besagt: „Auch diese Leute sind okay, weil sie Menschen sind." Es gibt keine qualitativen Unterschiede oder Bedingungen, jeder Mensch ist bereits deswegen okay, weil er ein Mensch ist – er gehört, genau wie Sie, zur *Menschheitsfamilie*.

Wenn Sie diese Haltung in Ihrem Alltag und in Ihrer Partnerschaft an den Tag legen, haben Sie viel gewonnen. Sie sehen die Welt positiver und haben durch die kommunikative Grundhaltung bereits eine bessere Grundlage für eine harmonische Beziehung geschaffen. Sprechen Sie offen und ehrlich mit Ihrem Partner und sprechen Sie auch die Dinge an, die Sie stören. Vergessen Sie dabei aber nie Ihre positive Grundhaltung ihm gegenüber.

Des Weiteren ist es sinnvoll, die Kommunikation so zu gestalten, dass zuallererst die eigenen Gefühle angesprochen werden. Es geht nicht darum, dem anderen einen Vorwurf zu machen, „Du hast mich verletzt/beleidigt", „Du vergisst immer alles" usw., sondern um die Artikulation der eigenen Empfindungen: „Ich fühle mich beleidigt, weil du vorhin etwas zu mir gesagt hast. Das hat mich verletzt" oder „Ich fühle mich nicht wertgeschätzt, wenn du unseren Jahrestag vergisst." Die Botschaft ist dieselbe, aber die Art der Kommunikation ist weniger konfrontativ und nicht vorwurfsvoll. Vielmehr öffnet man sich dem anderen gegenüber, da die eigenen Gefühle offenbart werden. Damit macht man sich unter Umständen angreifbar, aber eben auch verständlicher. Vielleicht ist es keine böse Absicht des Partners, dass er den Jahrestag immer vergisst. Wenn Sie ihm aber erklären, was dies in Ihnen auslöst, kann er Ihre emotionale Lage besser verstehen und ist eher geneigt, sein Verhalten zu ändern. Bei Vorwürfen hingegen blocken die meisten Menschen meist ab oder es beginnt ein Wechselspiel aus Vorhaltungen: „Ja, aber du hast doch vor drei Jahren meinen Geburtstag vergessen" etc. Achten Sie also darauf, Ihre Gefühle zu kommunizieren.

Konstruktive Kritik äußern und empfangen

Niemand verlangt von Ihnen, dass Sie innerhalb einer Beziehung stets einer Meinung sind. Kritik am Partner gehört zu einer guten Beziehung dazu und kann zudem hilfreich sein, um Beziehungsprobleme zu verstehen und zu lösen. Doch auch hier gilt: Der Ton macht die Musik und Kritik ist nicht gleich Kritik. „Ich finde es nicht gut, dass du des Öfteren unpünktlich bist und mich warten lässt" oder „Immer lässt du mich hier stehen, du bist einfach nur unpünktlich und unzuverlässig!" – inhaltlich ist die Kritik identisch, doch die Art und Weise des Vortrags und der Formulierung ist eine andere. Über die Wichtigkeit von Ich-Botschaften hatten wir bereits zu einem früheren Zeitpunkt gesprochen.

Es gibt beim Formulieren von Kritik feste Regeln, die zu einer größeren Aufnahmebereitschaft des Empfängers führen. Besonders etabliert ist die „***Drei-K-Regel***", wonach eine Kritik **k**onkret, **k**lar und **k**onstruktiv sein sollte:

Konkret bedeutet, dass die Kritik nicht im Allgemeinen verbleiben sollte: „Du hörst mir manchmal nicht richtig zu" ist nicht konkret, denn „manchmal" ist eine unbestimmte Anzahl, zudem wird keine konkrete Situation benannt, in der dies auffällig wäre. Konkretes Feedback würde wie folgt aussehen: „Letzte Woche wollte ich ein Gespräch mit dir führen. Weißt du, welches ich meine? Als wir am Mittwochabend auf dem Sofa saßen. Das Gespräch war mir wichtig, aber ich hatte den Eindruck, dass du mir nicht richtig zugehört hast. Du wirktest abwesend und bist nicht auf meine Worte eingegangen." Dieses Feedback beinhaltet den Zeitraum bzw. Zeitpunkt, die inhaltliche Ebene (worum es geht) und eine konkrete Kritik am Partner, dass dieser nicht richtig zugehört habe.

Klar heißt, dass nicht nur der Inhalt, sondern auch die Form der Kritik deutlich sein muss. Kritik, die sich zwar auf eine konkrete Situation bezieht, in der Art und Weise ihrer Formulierung aber schwammig bleibt, kann ebenfalls vom Gegenüber schlecht eingeordnet oder verarbeitet werden. „Also letzten Mittwoch, da, als wir uns unterhalten haben, das war irgendwie komisch, du hast glaube ich gar nicht so richtig zugehört, also ich weiß nicht, ob du richtig gehört hast, was ich gesagt habe" – dieser Satz beinhaltet einerseits Kritik, andererseits aber viele Relativierungen, Einschränkungen und Konjunktive. Der Partner ist sich also nicht sicher, was genau die Kritik an ihm ist. „Ich hatte den Eindruck, dass du abwesend warst, weil du mit keinem Wort auf mich eingegangen bist" – hier ist dem Partner klar, was das Problem ist.

Entsprechend kann er auf die Kritik reagieren, zum Beispiel: „Ich verstehe, dass es so auf dich gewirkt hat. Allerdings musste ich darüber nachdenken, was du gesagt hast, und konnte deshalb nicht spontan reagieren."

Konstruktiv bedeutet, dass die Kritik nicht in Form von Vorwürfen oder Beschuldigungen vorgetragen wird, sondern lösungsorientiert, das heißt, nicht „Du machst dieses oder jenes falsch", sondern: „Wir müssen an diesem oder jenem Punkt arbeiten, um einen Konflikt zu vermeiden." Formulieren Sie Kritik als Lösungsvorschlag und bleiben Sie auf der sachlichen Ebene. Denken Sie dabei an Schulz von Thun und sein Kommunikationsquadrat, außerdem an die Okay-Positionen: Der andere ist okay, nur sein Handeln oder Verhalten in einer konkreten Situation war nicht okay. Daher sollten Sie Kritik nicht an der Person, sondern lediglich an der Situation festmachen.

Diese Regeln sind für die Seite des Senders enorm wichtig. Ebenso wichtig ist allerdings die Seite des Empfängers. Kritik sollte nicht nur konstruktiv gesendet, sondern auch konstruktiv aufgenommen werden. Hält ein Partner sich an die 3-K-Regel, der andere wiegelt aber sämtliche Kritik dennoch ab und lässt sich nicht auf das Gesagte ein, wird das Gespräch ebenfalls in einer Sackgasse enden. Es kommt also sowohl auf den Sender als auch auf den Empfänger an. Nehmen Sie Kritik auf, so wie Sie selbst sich auch das gute Recht nehmen, andere zu kritisieren. Versuchen Sie nach Möglichkeit, die Kritik niemals persönlich zu nehmen, sondern rein auf der Sachebene zu betrachten. Wenn es Ihnen in einer Partnerschaft gelingt, sowohl konstruktiv Kritik zu äußern als auch zu empfangen und anschließend gemeinsam sachlich zu diskutieren, sind Sie auf einem sehr guten Weg.

Umgang mit emotional aufgeladenen Gesprächen

Emotional aufgeladene Gespräche können belastend sein, wenn man nicht weiß, wie man mit den Emotionen umgehen soll. In diesem Fall fallen die soeben angemahnte Reflexion und das Verständnis für die andere Seite umso schwerer, denn aus der Emotion heraus lässt es sich nur selten gut reflektieren. Die Kommunikation ist von Beginn an angespannt, wenn einer oder beide Partner emotional durch die Gesprächssituation belastet werden; die Anspannung kann sich dabei sowohl mental als auch körperlich bemerkbar machen. Einerseits neigen viele Menschen dazu, vor einem emotionalen Gespräch mit dem Partner in Gedankenkreisläufe zu verfallen („Was erwartet mich in dem Gespräch, was wird passieren?", dieselben Szenarien werden vor dem inneren Auge immer wieder durchgespielt), andererseits kann auch die körperliche Funktion in Form von erhöhter Herzfrequenz und Pulsschlag durch die akute Stresssituation beeinflusst werden. Die körperlichen Symptome sind besonders unangenehm, denn sie wirken sich gleichzeitig auch auf die Psyche aus. Ein hoher Puls oder gar stärkere Symptome wie Zittern oder schwitzige Hände sind konkrete Anzeichen für starken Stress, die uns wiederum mental zusetzen („Warum reagiert mein Körper so?"). Um diesen Stressfaktoren entgegenzuwirken, sollten Sie die folgenden Atemtechniken kennen, denn mit deren Hilfe können Sie in kurzer Zeit Ihren Pulsschlag senken und sich zumindest körperlich auf ein normales Stresslevel bringen. Atemtechniken können schnell und ohne technische Hilfsmittel angewendet werden, sind also ideal für jede Gesprächssituation, ob bei Ihnen zu Hause, im Restaurant oder am Telefon.

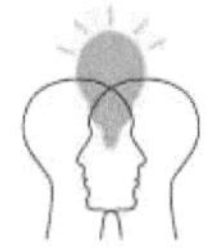

Übungen:

Ruhige Atmung für mehr Gelassenheit in Stresssituationen

Es gibt zahlreiche Atemübungen, die Ihnen dabei helfen, Stress in einer konkreten Anspannungslage zu reduzieren und somit gelassener zu sein.

1. Bauchatmung: Die Bauchatmung ist eine natürliche Form der Atmung, bei dieser atmen Sie durch die Nase in den Bauch hinein ein. Legen Sie dabei Ihre Hand auf den Bauch und spüren Sie, wie sich die Bauchdecke dabei anhebt. Anschließend atmen Sie kontrolliert durch den Mund wieder aus und spüren auch dabei, wie die Luft aus Ihrem Körper entweicht. Ziel dabei ist es, bewusster zu atmen und das Gefühl der Entspannung im Bauch zu spüren. Denn Stress schlägt häufig auf den Magen, sodass Sie gut daran tun, diesen zu entspannen.

2. 4-7-8-Atmung:Hierbei handelt es sich um eine äußerst rhythmische Technik. Sie können diese Methode als Erweiterung der 4-7-8-Technik betrachten. Atmen Sie vier Sekunden tief ein, halten Sie die Luft anschließend sieben Sekunden lang in Ihrem Bauch (auch hierbei kann es hilfreich sein, die Hand auf den Bauch zu legen und die Atmung bewusst zu spüren) und atmen Sie dann acht Sekunden lang tief aus. Am besten wiederholen Sie diese Atemübung mindestens dreimal täglich mit jeweils drei Sätzen. Sie werden sehen, dass durch diese Atemtechnik sogar Ihr Puls sinkt, wenn Sie also enorm gestresst oder aufgeregt sind, werden Sie nach Durchführung der 4-7-8-Atmung eine spürbare Entspannung wahrnehmen.

3. Stoßatmung: Diese Methode reduziert nicht nur Stress, sondern löst auch körperliche Verspannung. Setzen Sie sich hierzu aufrecht hin und platzieren Sie eine Hand auf dem Bauch, die andere auf dem Brustkorb. Atmen Sie fünf Sekunden lang ein und atmen Sie anschließend fünfmal stoßartig durch den Mund aus. Wenn Sie diese Übung fünfmal wiederholen, werden Sie sichtlich entspannter sein.Ein gesunder Geist wohnt in einem gesunden Körper, daher ist die körperliche Entspannung die Grundlage für die mentale Entlastung. Denken Sie zudem immer daran – es kann nichts Schlimmes passieren, Sie wollen lediglich ein Gespräch miteinander führen, auch wenn dieses unter Umständen sehr unangenehm ist, liegt keinerlei akute Bedrohung vor, die größte Anspannung findet in Ihrem Kopf statt. Versuchen Sie daher, ruhig und gelassen an emotional aufgeladene Gespräche heranzugehen, und nehmen Sie die Atemtechniken zu Hilfe, wenn Ihr Körper Ihnen bei diesen guten Vorsätzen einen Strich durch die Rechnung macht.

Kommunikationstraining für Paare

Mit den Übungen aus diesem Ratgeber sind Sie auf einem guten Weg, Ihre Kommunikation zu verbessern und so zu einem harmonischeren und konfliktfreieren Miteinander in der Beziehung zu gelangen. Sollten Sie trotz dieser praxisnahen Übungen Probleme in der Umsetzung verspüren, gibt es die Möglichkeit eines Kommunikationstrainings für Paare.

Es gibt professionelle Trainer, die man für ein solches Training in Anspruch nehmen kann, diese bieten ihre Leistungen in der Regel aber zu hohen Preisen an und können darüber hinaus nicht mehr tun, als Sie anzuleiten. Mit ein wenig Energie und Kreativität und mit Unterstützung dieses Ratgebers ist es Ihnen leicht möglich, ein solches Kommunikationstraining auch problemlos eigenständig zu gestalten.

Kommunikationsspiele und Übungen für Paare

Ein Training muss nicht unbedingt anstrengend und hochgradig fordernd sein, auch ein spielerischer Ansatz bietet sich im Rahmen einer Paartherapie durchaus an, wenn er einen ernsthaften Hintergrund hat. Folgende Spiele bieten sich im Rahmen der Paartherapie zur Stärkung von Kommunikation an:

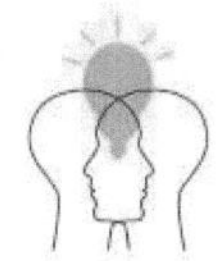

Übungen:

Kommunikationsspiele

1. Pantomime: Das Spiel eignet sich nicht nur für Geburtstagsfeiern, sondern auch für Paartherapie. Was auf den ersten Blick ungewöhnlich klingen mag, hat doch einen ernsten Hintergrund. Derjenige, der etwas darstellt, muss Empathie beweisen und sich in sein Gegenüber hineinversetzen: „Wie kann er/sie am besten erraten, was ich darstellen will?" Darüber hinaus muss die Bereitschaft da sein, sich vor dem anderen ein Stück weit zu „blamieren", wenn auch in einem geordneten Rahmen. Mit ulkigen Gesten oder Gesichtsausdrücken werden Dinge beschrieben, der andere muss dabei vermutlich das eine oder andere Mal lachen, das wiederum schafft einen schönen gemeinsamen Moment und stärkt das Vertrauen, denn gemeinsam lachen zu können, ist einer der wichtigsten Bausteine für eine gesunde Beziehung. Zuletzt wird hier die nonverbale Kommunikation gestärkt. Viel Kommunikation, auch in einer Beziehung, findet auf der nonverbalen Ebene statt, weshalb es niemals schaden kann, auch diesen kommunikativen Aspekt in einem spielerischen Kontext zu trainieren.

2. Talk About: „Talk About" ist ein Kartenspiel, das speziell für Paare konzipiert ist. Der Paartherapeut Carsten Müller (Müller, 2023) hat dieses Spiel extra entwickelt, um die Kommunikation von Paaren in Schwung zu bringen. Zwischen tiefgründigen Gesprächen, Albernheiten und Small Talk ist auf diesen Karten fast alles vertreten. Knapp über 100 Karten sind in der Spielebox, zu Beginn erhält jeder Partner eine Bewertungskarte mit einer Skala von eins (stimme nicht zu) bis vier (stimme voll zu). Danach werden Karten gezogen, auf denen Aussagen zu den Punkten Kommunikation, gemeinsame Zeit oder auch Sex zu lesen sind. Jeder Partner gibt zunächst verdeckt seine Einschätzung mit der Bewertungskarte ab, dann muss der andere Partner schätzen, welche Bewertung sein Gegenüber vorgenommen hat, erst dann erfolgt die Auflösung. Man lernt den anderen besser kennen und stärkt ebenfalls Empathie, da man sich in den anderen hineinversetzen muss. Dieses Spiel kann Ihre Beziehung zusätzlich stärken.

3. Das Lieblingsspiel: Vielleicht gibt es in Ihrer Partnerschaft ja ein Spiel, das Sie schon immer gerne zu zweit gespielt haben. Sei es mit Karten, Würfeln oder Figuren, sei es ein Klassiker wie „Mensch ärgere dich nicht", „Monopoly" oder vielleicht ein Online-Spiel wie etwa ein virtueller „Escape Room". Was immer bei Ihnen mit positiven Erinnerungen verknüpft ist, lassen Sie sie wieder aufleben und spielen Sie gemeinsam. Sie stärken somit die positiven Erinnerungen an die Kommunikation und gemeinsame Erlebnisse.

Kommunikationsregeln und Vereinbarungen

Wir haben die simplen, aber fundamental wichtigen Kommunikationsregeln bereits kennengelernt. Fassen wir die wichtigsten Punkte an dieser Stelle noch einmal stichpunktartig zusammen:

- Begegnen Sie sich in einer positiven Grundhaltung. Sie selbst und Ihre Position sind okay, ebenso aber die des Partners.
- Lassen Sie sich gegenseitig aussprechen und kommunizieren Sie respektvoll miteinander. Auch die Argumente Ihres Partners sind wichtig für das Gespräch. Lassen Sie sich daher auf das ein, was Ihr Gegenüber Ihnen zu sagen hat, und versuchen Sie nicht, kategorisch alle Argumente und Kritikpunkte abzublocken.
- Senden Sie Ich-Botschaften, anstatt reine Kritik und Vorwürfe zu formulieren: „Mir geht es damit nicht gut", „Ich fühle mich schlecht, wenn ..." anstatt: „Du kümmerst dich um nichts", „Du vernachlässigst mich und meine Bedürfnisse." So greifen Sie niemanden direkt an und können Ihre Kritik dennoch vortragen.
- Wechselseitiges Senden und Empfangen von Botschaften sorgt für das Entstehen eines echten Dialogs. Sie sollten einerseits Ihre Botschaften senden, andererseits aber auch die Botschaften des anderen zulassen. Nur so können Sie beide auf Augenhöhe sprechen. Ein Monolog wirkt hingegen oft vorwurfsvoll, denn einer spricht und der andere erhält keine Chance, seine Position darzulegen. Daher sollten Sie immer versuchen, die Kommunikation wechselseitig zu gestalten.
- Inhaltsebene und Beziehungsebene sind zwei verschiedene Ebenen, eine Nachricht zu betrachten. Bei einem partnerschaftlichen Konflikt ist die Unterscheidung oftmals sehr schwierig, denn jede Kommunikation hat eine gewisse emotionale Aufladung durch die Nähe zum Partner. Dennoch sollten Sie Themen, die rein inhaltlich diskutiert werden sollten, wie etwa sachliche oder inhaltliche Kritik, nicht mit der Beziehungsebene vermengen.

Dies sind allgemeine Regeln, deren Einhaltung unverzichtbar für eine konstruktive Kommunikation ist. Rufen Sie sich diese Regeln immer wieder ins Gedächtnis und erinnern Sie sich selbst daran, sie einzuhalten.

Darüber hinaus ist es sinnvoll, Vereinbarungen zu treffen, die über die grundlegenden Standards wertschätzender Kommunikation hinausgehen. Schließlich ist Ihre Beziehung individuell und Sie haben Ihre eigene Vorgeschichte, was Konflikte oder kommunikative No-Gos anbelangt. Solche Vereinbarungen können beispielsweise sein: „Sprich mich bitte nicht vor dem Frühstück an." Wenn Sie morgens schwer aus dem Bett kommen und eine gewisse Zeit benötigen, um gut in den Tag starten zu können, kann eine Auseinandersetzung oder eine Kritik, und sei sie noch so sachlich formuliert, zu dieser Zeit besonders schwer aufzufassen sein. Wenn Sie also wissen, dass

Sie früh am Morgen tendenziell gereizt und weniger aufnahmefähig sind, kann dies eine sinnvolle Vereinbarung zur Konfliktprävention sein.

Auch individuelle Ruhepausen können Teil einer Vereinbarung sein. Angenommen, einer der Partner hat einen fordernden, stressigen Beruf, so kann es sinnvoll sein, ihm nach der Arbeit eine Stunde Freiraum zu geben. Diese Zeit kann er nutzen, um den Stress des Arbeitstages zu verarbeiten und seine Gedanken neu zu sortieren, erst danach ist der Partner wieder ansprechbar. Oftmals können in solchen Situationen „überfallartige" Sprechakte zum Auslöser von Konflikten werden. Der eine Partner konfrontiert den anderen unmittelbar nach dem Heimkommen mit einem Problem oder einer Kritik. Noch gestresst von der Arbeit ist die erste Reaktion Abwehr und Desinteresse: „Nun lass mich doch erst einmal herunterkommen." Eine solche genervte Antwort birgt wiederum selbst Potenzial für Konflikte. Daher kann eine sinnvolle Regel lauten: „Lass uns ein Konfliktgespräch erst eine Stunde nach dem Heimkommen beginnen."

Gerade bei Partnerinnen kann auch der Zyklus eine Rolle spielen. In dieser Phase sind viele Frauen, hormonell bedingt, leichter reizbar. Jahrzehntelang als Tabuthema angesehen, ist es in modernen Partnerschaften Gott sei Dank meist möglich, auch über derartige Probleme offen zu sprechen. Während der Periode sollten also auch männliche Partner entsprechend sensibilisiert sein und besonders vorsichtig und empathisch (siehe „Schritt 2: Aktives Zuhören und Empathie entwickeln") in der Gesprächsführung sein. Eine individuelle Vereinbarung kann also auch besagen, dass während des monatlichen Zyklus Konfliktthemen grundsätzlich vorsichtiger behandelt werden oder dass der männliche Partner zumindest vorher fragt, ob sich die Partnerin in der Lage fühlt, über ein unangenehmes Thema zu sprechen.

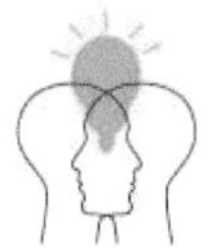

Übungen:

Praktische Ratschläge zur Verbesserung der Kommunikation

1. Regeln beachten: Die allgemeinen kommunikativen Regeln sollten unter allen Umständen beachtet werden. Ich-Botschaften statt Vorwürfe, sich gegenseitig ausreden lassen, die Argumente des anderen ernst nehmen und auf der Okay-Position „Ich bin okay, Du bist okay" stehen – all diese Regeln müssen zwingend beachtet werden, anderenfalls ist die Kommunikation von Beginn an zum Scheitern verurteilt. Was so einfach und fast schon banal klingt, ist in Wahrheit schwieriger, als man denkt, insbesondere in Konfliktsituationen. Führen Sie sich diese Regeln also immer wieder vor Augen und beachten Sie die Grundsätze der positiven und konstruktiven Kommunikation.

2. Absprachen einhalten: Die soeben erwähnten Absprachen sollten nicht nur getroffen, sondern auch eingehalten werden. Es bringt nichts, wenn Sie einmal darüber sprechen, wie Sie kommunizieren wollen, und dann im Alltag doch anders handeln. Erinnern Sie sich daher gegenseitig, wenn dies nötig werden sollte, an Ihre Absprachen: „Wir hatten doch festgelegt, dass ... Ich möchte, dass dies auch eingehalten wird." Beide Partner haben das Recht, auf die Abmachungen zu beharren, also sprechen Sie offen und ehrlich an, wenn eine Absprache nicht eingehalten wird.

3. Gespräche nicht eskalieren lassen: Wir alle kennen Situationen, in denen uns ein Gespräch entgleitet. Plötzlich gerät eine eigentlich nicht auf Konfrontation abzielende Unterhaltung in eine Sackgasse, ein Wort gibt das andere und im Nu ist ein handfester Konflikt entstanden. Bevor es schlussendlich so weit kommt, wissen beide Partner meist bereits, dass das Gespräch sich in einer Sackgasse befindet und es nur noch in einem Streit enden kann. Dennoch will keiner von beiden nachgeben. Dies ist ein großer Fehler – geben Sie lieber nach und machen Sie zum Beispiel proaktiv einen Vorschlag, das Gespräch zu vertagen: „Das hat an dieser Stelle keinen Sinn mehr, wir bewegen uns auf einen Streit zu. Lass uns beide kurz unsere Gedanken sortieren und das Gespräch erst danach weiterführen." Somit unterbrechen Sie die negative Dynamik des Gesprächs – im Zweifel gibt der Klügere tatsächlich nach. Beharren Sie nicht darauf, all Ihre Punkte sofort ansprechen zu wollen, sondern nehmen Sie sich zurück und warten Sie den besseren Zeitpunkt ab, um das Gespräch wieder auf eine konstruktive Ebene zu hieven. Beide Partner sollten jederzeit die Möglichkeit erhalten, eine emotionale Auszeit zu vereinbaren. Wenn Sie merken, dass Sie in eine kommunikative Sackgasse steuern, nehmen Sie einfach ein Timeout. Legen Sie dazu ein Signalwort fest, dies kann ganz simpel „Auszeit" oder „Timeout" sein, aber auch ein anderes Codewort ist möglich. Diese *Auszeit vom Streit* ist enorm wichtig, um sich kurz zu sammeln und die Emotionen neu zu sortieren. Erst danach kann das Gespräch von der Sackgasse zurück auf die Schnellstraße geholt werden.

4. Feedback: Feedback ist nicht nur im beruflichen Kontext sinnvoll, sondern durchaus auch im privaten. Wenn Sie gerade ein Streitgespräch oder zumindest ein ernsthaftes Gespräch geführt haben, sollten Sie sich gegenseitig Feedback geben. Wie haben Sie das Gespräch empfunden? War die Atmosphäre sachlich/angenehm/produktiv oder war die Gesprächssituation eher unangenehm und wenn ja, was hat dazu geführt? Konstruktives Feedback führt dazu, dass sich die Kommunikation in zukünftigen Konfliktgesprächen verbessert, und nützt somit beiden Partnern gleichermaßen. Nehmen Sie sich die Zeit und heben Sie Ihre Kommunikation somit auf ein neues Level.

Schritt 4: Vertrauen wiederherstellen und stärken

„Nichts Größeres kann ein Mensch schenken als sein ganzes Vertrauen. Keine Gabe erhöht so sehr den Geber und Empfänger".
(Henry David Thoreau)

Vertrauen ist die Grundlage einer jeden Partnerschaft. Wenn Sie sich nicht gegenseitig vertrauen, wird die Beziehung nicht lange anhalten, schließlich unterscheidet sich eine Paarbeziehung von einer nachbarschaftlichen, kollegialen oder kumpelhaften Beziehung doch gerade durch das Vertrauen und die Möglichkeit, sich auch einmal schwach oder verletzlich zu zeigen.

Vertrauen manifestiert sich im Beziehungsalltag auf verschiedene Weise. Man vertraut dem Partner beispielsweise, dass er das hält, was er verspricht. Wenn man vereinbart hat, dass sie ihn am nächsten Morgen um 07:00 Uhr weckt, vertraut er darauf, auch um diese Uhrzeit geweckt zu werden, und muss sich entsprechend keinen Wecker mehr stellen. Wenn er ihr verspricht, dass er sich um die Begleichung der Stromrechnung kümmert, geht sie davon aus, dass dies erledigt wird, und kontrolliert nicht noch einmal die Zahlungsausgänge des gemeinsamen Kontos.

Vertrauen bedeutet aber auch das Vertrauen in die Ehrlichkeit des anderen. Wenn er später nach Hause kommt als gewöhnlich und dies damit begründet, im Stau gestanden zu haben, geht sie davon aus, dass dies auch stimmt, und verdächtigt ihn nicht, eine heimliche Affäre zu haben. Derartige Grundlagen müssen in der Beziehung funktionieren, ansonsten fehlt ein elementarer Bestandteil einer gesunden Beziehung.

Wird Vertrauen jedoch einmal enttäuscht, ist es sehr schwierig, dieses wiederzugewinnen. Ein Vertrauensbruch in einer Beziehung kommt einer Erschütterung gleich, denn hier hat man nicht damit gerechnet und ist zudem emotional involviert. Wenn ein Kollege auf der Arbeit eine Aufgabe nicht so erledigt, wie er es Ihnen versprochen hat, sind Sie vielleicht wütend oder auch ein wenig enttäuscht, diese Gefühlsregungen spielen sich allerdings auf einer professionellen, distanzierten Ebene ab. Wenn es die eigene Beziehung betrifft, geraten viele Gewissheiten ins Wanken, was zu emotionalen Belastungszuständen führt.

Daher ist der Vertrauensbruch wohl eine der schwierigsten Herausforderungen, die es in einer Paarbeziehung zu meistern gibt. Um die Beziehung nachhaltig zu retten, muss Vertrauen wiederhergestellt werden. Wie dies gelingen kann, werden wir in dem nun folgenden Kapitel behandeln.

Vertrauensbrüche überwinden

Der Vertrauensbruch ist die vielleicht am schwierigsten zu überwindende Krise, die eine Beziehung erschüttern kann. Doch auch diese Krise kann durch zwei vernünftige, einander liebende Partner gemeistert werden. Denken Sie immer darüber nach, was die Alternative wäre: Wenn Sie nicht daran arbeiten, den Vertrauensbruch zu überwinden und somit das Fundament Ihrer Beziehung wieder zu stärken, wäre dies sehr wahrscheinlich gleichbedeutend mit dem Ende der Beziehung. Und dies wollen Sie schließlich vermeiden, denn Sie empfinden immer noch etwas füreinander, Sie lieben sich gegenseitig und möchten deshalb um Ihre Beziehung kämpfen. Einen Vertrauensbruch zu überwinden bedeutet allerdings harte Arbeit, seien Sie sich dessen bewusst. Es wird keine einfache Aufgabe, doch gemeinsam und mit den nun folgenden Tipps wird es Ihnen gelingen, auch diese Beziehungskrise zu meistern.

Folgende Schritte sollten Sie gehen, um einen Vertrauensbruch zu überwinden:

1. **Die Gefühle klar äußern:** Auch hier ist das A und O zur Konfliktlösung die Kommunikation. Sprechen Sie über Ihre Gefühle, und zwar so klar und deutlich wie nur möglich. Der verletzte Partner sollte offen äußern, wie er sich mit der Verletzung fühlt: „Ich bin enttäuscht und wütend. Ich habe mein Vertrauen in dich vorerst verloren.“ Versuchen Sie trotz der starken emotionalen Enttäuschung, so nüchtern und sachlich wie möglich zu argumentieren, und bleiben Sie, sowohl in puncto Tonalität als auch Körpersprache, ruhig und gelassen. Der Partner sollte nicht das Gefühl haben, dass Sie im Affekt sprechen und handeln, er soll und muss spüren, dass Ihre Enttäuschung nicht bloß aus einer emotionalen Überreaktion herrührt, sondern überaus ernst zu nehmen ist. Auch der Partner, der den Vertrauensbruch verschuldet hat, sollte die Möglichkeit erhalten, seine Empfindungen offenzulegen. Wichtig sind auch hier Ehrlichkeit und Klarheit: „Ich fühle mich schlecht, weil ich dich enttäuscht habe. Es tut mir leid, was ich getan habe.“ Ist die Entschuldigung glaubhaft und ehrlich? Dann sollten Sie im zweiten Schritt über die Ursachen sprechen, wie es zum Vertrauensbruch gekommen ist.

2. **Ursachenforschung:** Oftmals scheint uns die Ursache des Vertrauensbruchs klar zu sein. Bei starken Vertrauensbrüchen, wie etwa einem Seitensprung oder einer Affäre, ist dies selbstverständlich. Die meisten Menschen sehen eine Beziehung als eine emotionale und körperliche Bindung zweier Personen an, die zum Beispiel sexuelle Aktivitäten außerhalb der Beziehung nicht vorsieht. Vertrauensbrüche können jedoch auch durch weniger offensichtliche oder gravierende Fehltritte eines Partners ausgelöst werden, zum Beispiel, indem er verspricht, sich um eine bestimmte Sache im Haushalt zu kümmern, etwa das Reparieren des defekten Wasserhahns oder den Aufbau

eines Fahrradunterstands für den Winter. Obwohl er ihr beispielsweise versprochen hat, sich um diese Dinge zu kümmern, vernachlässigt er sie. Für ihn stellt dies unter Umständen zwar eine Nachlässigkeit dar, aber keinesfalls einen Vertrauensbruch. In diesem Fall lohnt sich Ursachenforschung. Finden Sie heraus, woher bei Ihnen die emotionale Haltung zu derartigen Konfliktthemen herrührt. Warum empfindet sie dies als Vertrauensbruch und er nicht? Hat sie unter Umständen schlechte Erfahrungen mit einem unzuverlässigen oder untreuen Partner in einer vorherigen Beziehung gemacht und reagiert daher sehr sensibel? Oder mangelt es ihm auf der anderen Seite auch an Empathie, weil er sich nicht in sie und ihre Gefühlswelt hineinversetzen kann? Ursachenforschung kann dabei helfen, den Vertrauensbruch besser zu verstehen und im Austausch eine gemeinsame Lösung zu finden.

3. **Keine voreiligen Entscheidungen treffen:** Emotionale Affekte verleiten uns zu sogenannten Kurzschlussreaktionen. Insbesondere starke Emotionen können dabei starke Affekte auslösen, oder konkreter gesagt: Eine Enttäuschung in Form eines Vertrauensbruchs kann dazu führen, dass Sie sofort einem ersten Impuls folgen möchten, der lautet: „Ich muss mich von meinem Partner trennen, er hat mich enttäuscht, das Vertrauen ist nicht mehr vorhanden, damit hat auch die Beziehung ihre Grundlage verloren.“ Als erster Impuls ist diese Reaktion verständlich und vollkommen in Ordnung. Nachdem Sie aber die erste Phase der stark emotional geprägten Reaktion überstanden haben, sind Sie wieder in der Lage, klarer zu reflektieren: „Möchte ich die Beziehung tatsächlich beenden? Möchte ich alles „wegwerfen“ wegen eines solchen Vorfalls?“ In der Regel kommt man zu dem Schluss, dass die Beziehung es doch wert ist, um sie zu kämpfen, und dass man zumindest versuchen sollte, sie zu retten. Handeln Sie daher nicht vorschnell und beenden Sie die Beziehung nicht aus der ersten emotionalen Reaktion heraus.

4. **Kommunikationsangebote:** Machen Sie sich gegenseitig Kommunikationsangebote und nehmen Sie diese, wenn möglich, auch an. Miteinander sprechen ist das A und O bei der Lösung von Konflikten und beim Wiederherstellen von Vertrauen. Natürlich ist der Partner, der für den Vertrauensbruch verantwortlich war, etwas stärker gefordert, hier die Initiative zu ergreifen, doch auch der enttäuschte Partner sollte bereit sein, das Kommunikationsangebot anzunehmen oder gegebenenfalls selbst eines zu machen. Im besten Fall erfolgen die Kommunikationsangebote aktiv und verbal, zwar kann auch körpersprachlich eine gewisse Offenheit und Gesprächsbereitschaft signalisiert werden, doch am unmissverständlichsten ist es, wenn Sie klar und deutlich formulieren: „Lass uns miteinander reden“ oder noch besser: „Möchtest du reden? Ich bin jederzeit bereit, zu sprechen, wenn du möchtest.“ Der letzte Satz sollte vor allem von dem Partner kommen, der den Vertrauensbruch verschuldet hat. So signalisiert er Offenheit und Gesprächsbereitschaft, ohne den anderen Partner jedoch unter Druck zu setzen. Dieser kann dann den für ihn passenden Zeitpunkt für ein Gespräch auswählen.

5. **Fehler einräumen:** Die Fehler müssen offen, ehrlich und schonungslos angesprochen werden. Insbesondere der Verursacher des Vertrauensbruchs sollte hier klar und deutlich eingestehen, dass er einen Fehler gemacht hat, und nicht versuchen, sich zu rechtfertigen. „Ja, ich weiß, das war nicht gut von mir, aber ..." ist keine hundertprozentige Entschuldigung, sondern beinhaltet den Versuch, sich zu erklären und ein Stückchen der Schuld dadurch von sich zu schieben. Erklären und über Details diskutieren können Sie zu einem späteren Zeitpunkt, es geht nicht darum, dass ein Partner in Sack und Asche kriechen muss. Doch der erste Satz sollte immer ein Zugeständnis an den verletzten Partner sein: „Es tut mir leid, ich habe einen Fehler gemacht." Je nach Situation kann auch der verletzte Partner einen Fehler gemacht haben, zum Beispiel, indem er unrealistische Erwartungen formuliert oder über seine Gefühle nicht offen und ehrlich gesprochen hat. An dieser Stelle kann er diesen Fehler ebenfalls eingestehen: „Auch ich habe einen Fehler gemacht, für den ich mich entschuldigen möchte." Fehler zugeben zu können, zeugt von Selbstreflexion und Ehrlichkeit. Man ist im Reinen mit sich selbst, weil man zugeben kann, etwas falsch gemacht zu haben, und offen dazu steht. Dies ist eine sehr erwachsene und vernünftige Eigenschaft, die auf lange Sicht beiden Partnern dabei hilft, das Vertrauen in den anderen wiederherzustellen.

6. **Dem verletzten Partner die Zügel in die Hand geben:** Auch wenn Beziehungsprobleme, auch gravierende Probleme wie etwa ein Vertrauensbruch, oft auf gegenseitigen Verfehlungen beruht, gibt es bei einem klaren und deutlichen Vertrauensbruch meistens einen Verursacher und eine Person, die darunter zu leiden hat. Nehmen wir erneut das Beispiel des Partners, der sich nicht an seine Zusagen hält. Er versprach, sich um gewisse Dinge, zum Beispiel im Haushalt, zu kümmern und hat dieses Versprechen nicht eingehalten. Er hat also das Vertrauen des Partners, der sich darauf verlassen hat, ins Wanken gebracht. Bei einem gravierenden Bruch des Vertrauens, wie etwa einem Seitensprung, dürfte die „Urheberschaft" noch deutlicher sein. Die Rollen sind hier eindeutig verteilt. Der verletzte Partner sollte bestimmen können, wann er bereit dazu ist, das Gespräch zu suchen. Er sollte das Gespräch auch lenken und beginnen dürfen, über seine Gefühle zu sprechen. Der Partner, der das Vertrauen verletzt hat, ist erst einmal in einer defensiveren Haltung, denn er hat das Problem in der Beziehung verursacht. Natürlich darf auch dieser Partner seine Sichtweisen schildern und sich entsprechend zum Sachverhalt äußern, doch er sollte zurückhaltend agieren und dem verletzten Partner den Vortritt lassen. Auch ist es in erster Linie an ihm, das Vertrauen wiederherzustellen, durch seine Handlungen und Gesten kann das Vertrauen beim anderen wieder anwachsen. Sollten Sie also einen Vertrauensbruch begangen haben, seien Sie sich Ihrer Position bewusst.

Sind Sie diese Schritte gegangen, haben Sie einen Großteil des Weges hin zur Überwindung des Vertrauensbruchs hinter sich gebracht. Vielleicht ist das Vertrauen damit noch nicht zu einhundert Prozent wiederhergestellt, doch Sie bewegen sich definitiv in die richtige Richtung. Vertrauen wird schließlich auch durch kleine Gesten und durch alltägliche Vertrauensbeweise wieder aufgebaut. Nicht nur Worte, sondern vor allem auch Taten sind es, die den enttäuschten Partner wieder Vertrauen gewinnen lassen. Derjenige, der das Vertrauen gebrochen hat, ist daher in der Bringschuld, seine Aufgabe ist es, das Vertrauen wiederherzustellen und deutlich zu signalisieren, dass er aus der vorherigen Situation gelernt hat.

Die Rolle von Ehrlichkeit und Transparenz

Enorm wichtig ist dabei die Ehrlichkeit, allerdings auch hier von beiden Seiten. Der Verursacher der Enttäuschung muss es mit seinen Entschuldigungen und den Versuchen, den Vertrauensbruch zu überwinden, ernst meinen und dieses Gefühl auch vermitteln. Niemandem ist geholfen, wenn das Gefühl vermittelt wird, eine Entschuldigung erfolge lediglich halbherzig oder pro forma. Die ehrlichen Absichten müssen deutlich werden, ebenso deutlich sollte auch der enttäuschte Partner machen, wie er sich mit den Entschuldigungen und Gesten fühlt. „Ist schon in Ordnung" oder „Alles gut, ich verzeihe dir" sollten nicht einfach bloß dahingesagt sein, um die Beziehung zu retten oder das Konfliktthema abzuschließen. Sollten Sie noch immer Probleme haben, zu verzeihen und wieder zu vertrauen, dann äußern Sie das Ihrem Partner gegenüber unmissverständlich. Nur so weiß auch dieser, woran er ist und was er unter Umständen tun kann, um das Vertrauen zu stärken. Seien Sie ehrlich zueinander und machen Sie sich gegenseitig Ihre Gefühle transparent, um das Vertrauen wiederherzustellen und Ihre Beziehung zu stärken.

Vertrauensaufbau durch kleine Gesten

Manchmal können bereits kleine Gesten im Alltag das Vertrauen zurückbringen. Wichtig ist dabei vor allem, dass der enttäuschte Partner spürt, dass der andere es ernst meint, dass es sich eben nicht nur um einen Versuch handelt, sich selbst zu rehabilitieren, sondern dass die Intension, die Beziehung zu retten, absolut ehrlich ist.

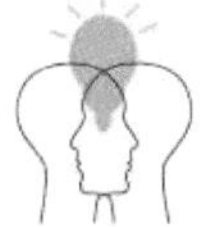

Übung:

Kleine Gesten im Alltag

1. Etwas Persönliches / Selbstgemachtes schenken: Kleine Geschenke sollten im Beziehungsalltag dazugehören, und sei es bloß eine Tafel der Lieblingsschokolade, hin und wieder ein kleiner Blumenstrauß oder eine liebevolle Notiz. Um jedoch Vertrauen auf einer sehr persönlichen Ebene wiederzugewinnen, bietet sich vor allem ein selbstgemachtes Geschenk an, eines, das die persönliche Bindung und Zuneigung zum Partner herausstellt. Basteln Sie zum Beispiel ein Plakat oder ein Fotoalbum, das gemeinsame Erinnerungen enthält. Schreiben Sie ein Gedicht oder vielleicht sogar ein Lied, in dem Sie die positiven Eigenschaften des Partners und Ihre Liebe für ihn hervorstellen. Hier können Sie auch Erinnerungen oder Fakten einbauen, die nur Sie als Partner wissen können. So schaffen Sie eine vertraute Ebene und setzen zugleich ein deutliches Zeichen, wie wichtig Ihnen die Beziehung ist. Wofür genau Sie sich entscheiden, bleibt Ihnen überlassen. Schließlich kennt niemand Ihre Partnerin oder Ihren Partner so gut wie Sie, deshalb wissen Sie auch am besten, worüber er oder sie sich am meisten freut.

2. Kleine Wünsche erfüllen: In eine ähnliche Richtung geht auch der zweite Vorschlag für kleine Gesten im Alltag, die das Vertrauen und die Beziehung insgesamt wieder stärken können. Wenn Ihr Partner einen Wunsch geäußert hat, erfüllen Sie ihn. Zum Beispiel gibt es eine Bluse, eine Jacke oder ein Paar Schuhe, die er schon immer einmal haben wollte und jedes Mal, wenn man am Schaufenster des Kaufhauses vorbeigeht, wird ein sehnsüchtiger Blick hineingeworfen. Zögern Sie nicht und erfüllen Sie dem Partner diesen Wunsch – sofern er in das finanzielle Budget passt. Aber in diesem Fall sollten Sie nicht jeden Euro umdrehen, schließlich geht es um Ihre Beziehung. Es müssen aber nicht immer nur materielle Wünsche sein. Vielleicht wünscht sich der Partner, dass die Wohnung sauber ist, wenn er von der Arbeit nach Hause kommt, oder dass bereits gekocht wurde. Also erfüllen Sie diesen Wunsch und zaubern Sie ein Lächeln auf das Gesicht Ihres Partners. Mit derartigen Gesten zeigen Sie, dass Ihnen sein Wohlbefinden wichtig ist und Sie zudem wissen, wie Sie ihm eine Freude machen können.

3. Ehrlich gemeinte Komplimente: Ob Mann, Frau, jung oder alt – jeder Mensch erhält gerne ein ernstgemeintes und persönliches Kompliment. Achten Sie darauf, dass das Kompliment sich wirklich auf die Person bezieht und nicht auf etwas Austauschbares, Materielles. „Ich mag deinen Pullover“ oder „Die Mütze steht dir gut“ sind zwar ebenfalls nette Komplimente, aber sie zielen weniger auf die Persönlichkeit ab, den Pullover haben andere Menschen schließlich auch im Kleiderschrank. Zielen Sie auf den Charakter der Person ab: „Ich mag an dir ...“, „Ich finde es gut, dass du ...“ Mit derartigen Komplimenten schaffen Sie eine persönliche Ebene der Verbundenheit und eine positive Atmosphäre. Sparen Sie also nicht mit Komplimenten, sie kosten weder Geld, Kraft noch viel Zeit und können doch so wirkungsvoll sein.

Vertrauensübungen für Paare

Auch zur Wiedererlangung von Vertrauen gibt es in der Paartherapie verschiedene Ansätze. Eine Vielzahl von Übungen können Sie auch ohne die Anleitung eines professionellen Therapeuten durchführen; es reicht aus, wenn Sie sich zu zweit hinsetzen und konzentriert und ernsthaft an der Sache arbeiten. Folgende Übungen können Sie zu zweit ohne Probleme durchführen – Sie werden sehen, dass Sie bereits nach einmaligem Durchlauf der vorgeschlagenen Übungen ein Stück weit das Vertrauen in den Partner zurückgewonnen haben.

Übungen:

Vertrauensübungen zur Stärkung der Partnerschaft

1. Eisbrecher: Der Eisbrecher simuliert eine frühe Phase der Beziehung, nämlich die, in der man sich kennenlernt. Wenn Sie sich in diese Situation hineinversetzen, erleben Sie die Beziehung direkt wieder unverbrauchter und gleichzeitig unbelasteter. Denn wenn Sie sich gerade erst kennenlernen, kann schließlich noch kein Vertrauensbruch stattgefunden haben. Beim Eisbrecher stellen Sie sich gegenseitig Fragen, wie zum Beispiel:

- Gibt es irgendeine spannende / lustige Geschichte aus deinem Leben, die du mir noch nicht erzählt hast?
- Welches ist deine liebste Anekdote aus der Kindheit?
- Was wolltest du werden, als du Kind warst?
- Gibt es einen Moment aus deinem Leben, den du vielleicht auch mit mir teilen möchtest?

Selbst bei einer länger anhaltenden Beziehung gibt es mit Sicherheit noch die eine oder andere Begebenheit, die Sie Ihrem Partner noch nie erzählt haben. Öffnen Sie sich und scheuen Sie sich nicht davor, auch etwas Persönliches, Peinliches zu erzählen. Denn gerade darauf kommt es schließlich an: Indem Sie einen intimen Einblick gewähren, dem Sie Ihrem Partner bisher vorenthalten haben, schaffen Sie wiederum Vertrauen: „Ich habe nichts (mehr) vor dir zu verbergen, ich kann dir alles erzählen." Antworten Sie so offen und ehrlich wie möglich und schaffen Sie damit wieder Vertrauen in Ihrer Beziehung.

2. Ehrlich sein: Dass Ehrlichkeit eine wichtige Komponente einer gelungenen Beziehung ist, erklärt sich von selbst. Doch diese Übung ist explizit dafür gedacht, dem Partner diese Ehrlichkeit auch spüren zu lassen. Beide Partner stellen sich dabei Fragen und der andere muss diese ehrlich beantworten. Dabei darf es sich ruhig um kompliziertere oder unangenehme Fragen handeln.

- Welche Erinnerungen hast du an unser erstes gemeinsames Date?
- Woran denkst du als Erstes, wenn du an deine Kindheit denkst?
- Welches Verhalten würdest du bei mir niemals akzeptieren und warum nicht?
- Warum hast du dich damals in mich verliebt?
- Was würdest du tun, wenn du keinerlei Konsequenzen für dein Handeln fürchten müsstest?

Stellen Sie sich die Fragen im Wechsel und versuchen Sie, diese nach bestem Wissen und Gewissen zu beantworten, ohne sich davor zu fürchten, etwas Falsches zu sagen oder sich zu blamieren. Es gibt in diesem Fall keine richtigen und falschen Antworten, sondern nur ehrliche und unehrliche. Die unehrlichen Antworten wird Ihr Partner nach einer gewissen Zeit erkennen, sodass Sie das Vertrauen eher weiter beschädigen, anstatt es zu stärken.

3. Sich fallen lassen: Diese Übung ist ein Klassiker in der Paartherapie, ein Partner schließt die Augen und lässt sich nach hinten fallen, während der andere direkt hinter dem Partner steht und diesen auffängt. Diese simple Übung vermittelt Sicherheit, man darf sich fallen lassen, sowohl im tatsächlichen, physischen als auch im übertragenen Sinne. Man kann Kontrolle an seinen Partner abgeben, ohne dabei Angst haben zu müssen, enttäuscht, also fallen gelassen, zu werden. Diese Übung können Sie beliebig oft wiederholen und auch wechselseitig durchführen, mal lässt sich der eine in die Arme des anderen fallen, dann andersherum. Sollten Sie beide sich von Körpergröße und Gewicht her so stark unterscheiden, dass einer von Ihnen den anderen nicht auffangen kann, können Sie das Fallen auch nur andeuten. Lassen Sie sich also nicht mit voller Wucht und vollem Gewicht nach hinten fallen, sondern nur ganz sachte. Sie gleiten also eher in die Arme des Partners, als hineinzufallen. Auch ein symbolisches Fallen im Sitzen kann denselben Effekt erzielen. Sie sitzen beide aufrecht auf der Couch, dann lässt einer den Kopf sachte in die Arme oder in den Schoß des anderen sinken. Sie werden sehen, dass das Gefühl, aufgefangen zu werden, etwas in Ihnen bewirkt und dafür sorgt, dass Sie sich wieder stärker gegenseitig vertrauen.

4. Was weißt du über mich? Eine weitere Möglichkeit, Vertrauen aufzubauen, ist, sich gegenseitig zu beweisen, dass man sich gut kennt. Mit dieser kleinen Übung finden Sie heraus, was Sie bereits über den jeweils anderen wissen. Wenn Sie eine intensive und vertrauensvolle Beziehung geführt haben, bevor das Vertrauen ins Wanken geraten ist, wird das wahrscheinlich eine Menge sein. Klassische Fragen sind zum Beispiel:

- Was macht mich glücklich?
- Wie sähe meine Traumreise aus?

- Wovor habe ich Angst?
- Was sind meine größten Ziele für die Zukunft?

Fragen und antworten Sie dabei immer im Wechsel. Neben diesen eher allgemeinen Fragen können Sie natürlich auch Fragen stellen, die sich explizit auf Ihre Partnerschaft beziehen und Erinnerungen einbeziehen, die nur Sie beide miteinander teilen. So oder so wird die Feststellung, dass Sie viel voneinander wissen und sich auch persönliche Fragen gegenseitig beantworten können, wieder zu einem stärkeren Vertrauen führen.

5. Beziehungstagebuch zur Reflexion: Schreiben Sie die Fortschritte im Prozess der Rückgewinnung von Vertrauen in einem Beziehungstagebuch auf. So visualisieren Sie die Erfolge und können zudem reflektieren, welche Maßnahmen und Übungen tatsächlich dazu geführt haben, dass Sie das Vertrauen in Ihren Partner wiedergewinnen konnten, und welche Übungen hingegen weniger hilfreich waren. Es kann sinnvoll sein, zwei getrennte Tagebücher zu führen, das heißt, jeder der Partner fertigt für sich gesondert seine Notizen an. Von Zeit zu Zeit gleichen beide dann ihre Einträge in das Beziehungstagebuch ab und beratschlagen daraufhin, welche weiteren Maßnahmen zu treffen sind. Generell empfiehlt sich das genaue Führen des Tagebuchs, wenn es zu Konflikten oder Streitigkeiten in der Beziehung kommt. Etwas aufzuschreiben bedeutet immer auch, es zu strukturieren und zu reflektieren. Ist dies erst geschehen, lassen sich zum Beispiel Konfliktgespräche viel einfacher führen, da man selbst genau weiß, welche Punkte man ansprechen möchte und warum.

Nutzen Sie diese Übungen, um langfristig Vertrauen in Ihren Partner zurückzugewinnen. Ist das Vertrauen erst einmal wiederhergestellt, liegt es an beiden Partnern, dies immer wieder zu erneuern, ein abermaliger Vertrauensbruch kann dazu führen, dass das gegenseitige Vertrauen dieses Mal irreversibel beschädigt ist. Bleiben Sie also offen und ehrlich im Umgang miteinander.

Schritt 5: Konfliktlösung und Kompromissfindung

„Ein Kompromiss ist nur dann gerecht, brauchbar und dauerhaft, wenn beide Parteien damit gleich unzufrieden sind.“
(Henry Kissinger)

Kennen Sie diese Situation? Sie diskutieren über ein Thema und erleben in diesem Moment ein Déjà-vu? Genau über dieses Thema haben Sie mit Ihrem Partner doch schon so häufig gestritten und nie sind Sie zu einer für beide Parteien zufriedenstellenden Lösung gekommen. In diesem Kapitel soll es daher um effektive Strategien zur Konfliktlösung gehen. Häufig lassen sich Konflikte über Kompromisse lösen, denn dass einer der beiden Partner seinen Standpunkt komplett aufgibt, ist eher unwahrscheinlich. Außerdem ist es auch für die Balance der Partnerschaft nicht förderlich, wenn ein Partner zugunsten des anderen seine Position aufgeben muss. Daher werden wir in diesem Kapitel lernen, Kompromisse einzugehen und mit diesen zu leben, sie nicht als Niederlage zu betrachten, weil man von seinem eigenen Ideal ein Stück weit abweichen musste, sondern in ihnen eine positive Kraft in der Beziehung zu sehen.

Konflikte als Chance für Wachstum betrachten

Konflikte wirken erst einmal negativ auf uns: Sie belasten uns und unsere Beziehung. Was soll an Konflikten also positiv sein? Was soll man Positives aus ihnen ziehen können?

Streit gehört in jeder gesunden Beziehung dazu. Sie alle kennen vermutlich ein Paar aus Ihrem Umfeld, das sich nie gestritten hat – alles war nach außen hin harmonisch und insgeheim hat man dieses Paar sogar um diese perfekte Harmonie beneidet. Und dann, eines Tages, erfährt man, dass sie sich getrennt haben. Nun steht man perplex da: Wie konnte das passieren? Die Lösung ist oftmals einfach: Wer in einer Partnerschaft niemals offen Konflikte austrägt, unterdrückt diese. In einer Partnerschaft entstehen Konflikte quasi zwangsläufig, und seien es nur kleine Meinungsverschiedenheiten. Werden diese nicht angesprochen, arbeiten sie in unserem Unterbewusstsein und potenzieren dort ihre destruktive Kraft. Nur, weil Konflikte nicht ausgetragen werden, heißt das nicht, dass sie nicht existieren.

Sie können daher den Konflikt oder den Streit innerhalb einer Partnerschaft als etwas Normales, Natürliches betrachten. Haben Sie keine Angst davor, Konflikte offen auszutragen, sondern stellen Sie sich diesen, wenn es sein muss. Ihre Beziehung kann durchaus daran wachsen, wenn Sie lernen, effektiv mit Meinungsverschiedenheiten umzugehen. Seien Sie dankbar, wenn Sie einen Partner an Ihrer Seite haben, mit dem Sie einen offenen und ehrlichen Konflikt führen können, denn somit sinkt die Wahrscheinlichkeit, dass die negativen Emotionen sich unverarbeitet in ihm oder in Ihnen aufstauen.

Einen anderen Blick gewinnen: Akzeptanz- und Commitmenttherapie

Ein in den vergangenen Jahren häufig zitierter therapeutischer Ansatz ist die sogenannte *Akzeptanz- und Commitment-Therapie* (ACT) nach dem amerikanischen Psychotherapeuten Steven C. Hayes. Die ACT kann dabei helfen, negative Denkmuster zu hinterfragen und grundsätzlich anders als bisher zu begreifen. So kann aus einer negativen Gedankenspirale ein positiver Gedanke erwachsen. Um bei unserem Beispiel zu bleiben: Ein Konflikt wird nicht mehr primär als etwas Schlechtes oder als Störfaktor für eine Beziehung wahrgenommen, sondern kann positiv als „reinigendes Gewitter", das zuvor unterdrückte Emotionen zutage fördert, umgedeutet werden.

Biographie:
Steven C. Hayes (* 1948) ist ein US-amerikanischer Psychologe, Therapeut und derzeit Inhaber des Lehrstuhls für Psychologie an der University of Nevada.

Er schloss 1974 sein Psychologiestudium an der West Virginia University mit einem Master ab und promovierte nur drei Jahre später an derselben Hochschule. Seine Forschungsschwerpunkte lagen zunächst auf Kognitionsanalysen; in diesem Zusammenhang entwickelte er die *Bezugsrahmentheorie*, eine psychologische Theorie zum Verständnis von Sprache und Interaktion in deren spezifischen Kontext (Warum und wie wird innerhalb einer sozialen Interaktion kommuniziert?). Darauf aufbauend entwickelte er die ACT, die noch einen Schritt weiter geht und nicht nur die offen stattfindende Interaktion, sondern auch die zugrundeliegenden Denkprozesse beleuchtet.

Hayes publizierte (Stand 2023) bisher 38 Monographien und über 550 Fachzeitschriftenartikel und gilt als einer der einflussreichsten Psychologen der vergangenen 50 Jahre.

Wenn Sie sich en détail in die Theorie einarbeiten möchten, ist zusätzlich zur Lektüre des hier vorliegenden Textes das Buch *„ACT leicht gemacht. Ein grundlegender Leitfaden für die Praxis der Akzeptanz- und Commitmenttheorie"* von Russ Harris sehr zu empfehlen. An dieser Stelle wollen wir jedoch auf den Teil der ACT eingehen, der sich explizit mit der Akzeptanz und dem Umgang mit negativen Gedanken sowie Konfliktsituationen beschäftigt (Harris R. , 2020).

Grundsätzlich geht die Theorie davon aus, dass negative Gedankenkreisläufe das Ergebnis unserer alltäglichen *Denkprozesse* sind. Derselbe Mechanismus, der uns erlaubt, Probleme zu lösen oder logische Zusammenhänge zu begreifen, beschert uns auf der anderen Seite negative Gedanken, wie zum Beispiel die Scheu vor Konflikten oder das ständige Durchleben derselben emotional belastenden Situationen innerhalb einer Beziehung. Dabei spielt es keine Rolle, ob die Gedanken zielführend, rational oder gar hilfreich sind. Da Paarbeziehungen zu großen Teilen auf einer emotionalen Ebene geführt werden (Liebe und gegenseitige Zuneigung als Grundvoraussetzungen), sind viele Gefühle innerhalb eines Beziehungskonflikts eben nicht rational begründbar. Für denjenigen, der den Konflikt durchlebt, sind die Gefühle jedoch äußerst real, daher spielt es für die ACT erst einmal keine Rolle, ob sie rational begründet sind.

Ziel der ACT ist es nun, Kontrolle über diese irrationalen Gedanken und Gefühle, also die psychologischen Prozesse in Ihrem Gehirn, zu erlangen. Es geht nicht darum, sämtliche negativen Gedanken beiseitezuschieben. Man soll stattdessen lernen, mit diesen Gedanken zu leben und sich nicht zu sehr von ihnen leiten zu lassen. Die ACT möchte den Menschen allerdings dabei helfen, mit den negativen Gedanken angemessen umzugehen. Es geht nicht darum, Ihre Gedankenstruktur an sich zu ändern, vielmehr soll sich Ihre *Sichtweise auf diese Gedanken* verändern.

Dazu bedarf es eines gewissen Maßes an psychischer Flexibilität, also eines gesunden Umgangs mit Ihren Gefühlen, auch den belastenden. Sie sollten nicht versuchen, die schlechten Gedanken, die Sie umtreiben, vollständig zu kontrollieren; dies funktioniert meistens ohnehin nicht. Stattdessen sollten Sie sie *zulassen* und versuchen, eine gesunde Distanz zu Ihren Ängsten zu gewinnen. Lassen Sie Ihre Gedanken nicht die Oberhand gewinnen.

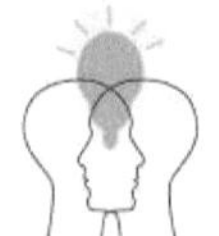

Übung:

Akzeptanz: Die eigenen Gedanken und Gefühle zulassen

1. Beobachtung: Versuchen Sie im ersten Schritt, Ihre Gedanken zu beobachten, als wären es nicht Ihre eigenen, sondern die einer anderen Person. Überlegen Sie dabei: Was wird wohl mein nächster Gedanke sein? Diese Übung wird auch als Mauseloch-Technik bezeichnet, da Sie wie eine Katze vor einem Mauseloch auf den nächsten Gedanken warten, der aus dem Loch auftaucht – und wenn der Gedanke da ist, schnappen Sie sich ihn. Durch dieses bewusste Antizipieren und Beobachten der eigenen Gedanken lernen Sie Ihre eigene Denkstruktur besser kennen. Außerdem lösen Sie sich ein wenig von dem Druck, immer positiv denken zu müssen. Sie sind reiner Beobachter und haben keinen direkten Einfluss darauf, was als Nächstes passiert, Sie steuern nicht Ihre Gedanken, sondern richten sich auf sie ein; eben wie eine Katze, die nicht kontrollieren kann, wann die nächste Maus aus dem Mauseloch huscht. Diese

Technik muss man üben, um sie möglichst perfekt umzusetzen. Doch die Mühe lohnt sich, versuchen Sie daher in verschiedenen Situationen in Ihrem Alltag, Ihre eigenen Gedanken zu abstrahieren und zu beobachten.

2. Akzeptanz: Sie haben auf den Gedanken gewartet und nun, ganz plötzlich, ist er da. Sie haben etwas gedacht. Und was auch immer Ihr Gedanke war, er war in diesem Moment richtig. Bleiben wir beim Bild des Mauselochs: Die Katze muss ebenfalls akzeptieren, welche Maus aus dem Mauseloch kommt, sie kann sich zwar wünschen, dass es eine größere, kräftigere Maus wäre, an der sie sich satt fressen kann, doch handelt es sich um eine kleine, dürre Maus, muss die Katze mit ihr vorliebnehmen. Übertragen auf Ihre Gedanken bedeutet das: Sie können sich zwar wünschen, dass Sie einen klugen, reflektierten Gedanken fassen, doch wenn Sie in diesem Moment schlicht wütend auf Ihren Partner sind und Ihr erster Gedanke daher „Du Idiot" lautet, ist das in Ordnung und Sie sollten es akzeptieren. Wenn Sie die Mauseloch-Technik üben, können Sie die Gedanken auch auf einem Blatt notieren. Lassen Sie die Notiz zunächst unkommentiert stehen, erst im nächsten Schritt versuchen Sie, sie einzuordnen. Erst einmal geht es darum, das Gedachte zu akzeptieren.

3. Reflexion: Im letzten Schritt erfolgt die Reflexion der Gedanken. Erst hier machen Sie das, was Sie vermutlich aus einem Reflex heraus bereits vor Schritt eins machen wollten: Sie überlegen, was Ihre Gedanken bedeuten, ob sie eher negativ oder positiv sind, ob sie reflektiert, sachdienlich etc. sind. Bei der Beobachtung und der Akzeptanz haben Sie festgestellt, dass Ihr erster Gedanke innerhalb eines Konflikts „Du Idiot" lautete. Sie haben dies aufgeschrieben und akzeptiert – doch nun folgt die Einordnung: Sie sind offensichtlich wütend, vermutlich auch enttäuscht. Sie befinden sich auf der Beziehungsebene (es geht um die Person), nicht um die Sachebene. Wodurch wurde Ihre Wut ausgelöst? War es eine Handlung oder eine Verhaltensweise des Partners? In welchen Situationen haben Sie unter Umständen ähnlich gedacht? All diese Fragen stellen Sie sich im Zuge der Reflexion. Dies hilft Ihnen dabei, Muster bei Ihren eigenen Gedanken zu erkennen: „Wenn mein Partner dieses oder jenes tut, fühle ich mich wie folgt – daher denke ich ..." Diese Erkenntnis hilft Ihnen wiederum bei zukünftigen Konflikten, in denen Sie nun Ihre eigenen Gedanken und Gefühle von vornherein besser reflektieren und antizipieren können. So lernen Sie, besser mit Ihren Gefühlen umzugehen, auch in emotional angespannten Situationen.

Effektive Konfliktlösungsstrategien

Konflikte müssen offensiv angegangen werden, sonst glühen sie unbemerkt und belasten die Beziehung untergründig. Es mag banal klingen, doch die beste Art und Weise, mit Konflikten umzugehen, ist noch immer der Dialog – nur durch das Sprechen miteinander kommen Sie weiter. Doch auch nicht jeder Dialog ist unbedingt eine Hilfe auf dem Weg der Konfliktlösung. Wir haben in den vorherigen Kapiteln bereits gesehen, dass auch verschiedene Formen des Dialogs das Risiko eines Konflikts bergen. Daher gibt es bestimmte Regeln, die Sie bei einem auf Konfliktlösung angelegten Dialog unbedingt beachten sollten.

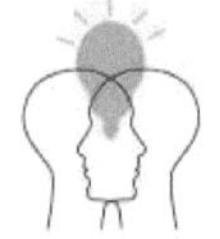

Übungen:

Dialog zur Konfliktlösung

Position klar ausarbeiten: Wenn Sie in einen Dialog eintreten, sollten Sie sich Ihrer Position im Gespräch bereits bewusst sein. Unkonkrete oder schwammige Formulierungen können zu Missverständnissen führen, diese wiederum können einen Konflikt befeuern. Drücken Sie sich klar und deutlich aus und vermitteln Sie Ihrem Gegenüber Ihren Standpunkt.

Offenheit zeigen: Gehen Sie mit einer gewissen Offenheit ins Gespräch. Auch wenn Ihre Position klar ist, sollten Sie dennoch keinesfalls verschlossen oder ablehnend auf Ihr Gegenüber wirken. Hören Sie sich dessen Argumente in Ruhe an und denken Sie ernsthaft darüber nach, ob nicht auch eine gegenteilige Position zu Ihrer eigenen eine Daseinsberechtigung hat. Ziel sollte es nach Möglichkeit sein, einen Kompromiss zu schließen. Drücken Sie Ihre Offenheit durch Ihre Körpersprache aus. Lehnen Sie sich nicht zurück, wenn Ihr Gegenüber spricht, das signalisiert, dass Sie auf Distanz zu ihm gehen wollen. Verschränken Sie auch nicht Ihre Arme, sondern deuten Sie körpersprachlich Ihre Offenheit an (Molcho, 2002).

Geduld bewahren: Erwarten Sie nicht, dass bereits bei Ihrem ersten Dialog alle offenen Punkte geklärt werden können. Manche Konflikte gehen tief, insbesondere, wenn normativ argumentiert wird. Das subjektive Empfinden spielt bei Konflikten eine große Rolle. Bringen Sie also die nötige Geduld in der Sache und vor allen Dingen auch mit Ihrem Gesprächspartner auf.

Fähigkeit zum Dissens (oder die Fähigkeit zum konstruktiven wie auch kognitiven Konflikt): Nicht alle Konflikte lassen sich zu einhundert Prozent lösen. Manche Positionen mögen trotz zahlreicher Versuche letztlich nicht vereinbar sein. Das bedeutet allerdings nicht, dass Sie sich mit Ihrem Gegenüber nicht in einer anderen Situation einig werden können. Solange es Ihr grundsätzliches Arbeits- oder Liebesverhältnis nicht belastet, können Sie durchaus akzeptieren, dass Sie in manchen Punkten nicht übereinstimmen: *We agree to disagree*.

KOMPROMISSE FINDEN, DIE BEIDEN GERECHT WERDEN

In den Beispielen haben wir gesehen, wie wichtig die Kooperationsbereitschaft, also die Bereitschaft zu *Kompromissen*, ist. Beharren Sie nur dann auf Ihrem Standpunkt, wenn es sich um eine grundlegende Überzeugung handelt und ein Abweichen für Sie keine Option ist, zum Beispiel, wenn Ihr Partner es in Ordnung findet, fremdzugehen, Sie aber der Meinung sind, dass dies in einer Beziehung in keinem Fall gerechtfertigt ist. In solch extremen Fällen kann es Sinn ergeben, auf dem eigenen Standpunkt zu bleiben. Doch bei „kleineren" Diskrepanzen sollten Sie flexibel bleiben und sich nach Möglichkeit auf Ihren Partner zubewegen. Eine Beziehung besteht immer aus Kompromissen, denn jeder Mensch ist anders und hat seinen eigenen Kopf. Es geht also nicht darum, dass man keine Kompromisse macht, sondern darum, dass man die richtigen findet, sodass beide sich damit wohlfühlen und glücklich werden können.

Viele Menschen gehen jedoch davon aus, dass sie nur dann erfolgreich sind, wenn sie sich durchsetzen und ihre eigenen Ziele und Bedürfnisse über die der anderen stellen. Wenn jeder so denkt, gibt es allerdings keine Bewegung aufeinander zu. Lassen Sie Ihr Gegenüber daher spüren, dass Sie zu Kompromissen bereit sind. Fragen Sie offen nach der Meinung oder der Einschätzung des anderen und seien Sie kommunikativ und körpersprachlich offen.

Ehrliche Kommunikation ist dabei das A und O! Sprechen Sie miteinander, auch über Ihre Empfindungen, Ihre Wünsche und Ängste. Offenheit ist in Paarbeziehungen eine notwendige Bedingung und auch im Arbeitskontext sollte zumindest auf der professionellen Ebene ein grundlegendes Gespräch möglich sein. Je nach Verhältnis zu Ihren Kollegen / Vorgesetzten können Sie auch dort über Ihre Gefühle sprechen. Grundsätzlich gilt: Je besser Ihr Gegenüber Sie versteht, desto eher ist er bereit, auf Sie zuzugehen und Kompromisse einzugehen. Denn manchmal ist dem Gegenüber nicht bewusst, wie Sie sich fühlen. Wenn Sie Ihrem Chef zum Beispiel mitteilen, dass Sie überarbeitet sind und deshalb schlecht schlafen und sich nicht ausreichend konzentrieren können, so ist er sicherlich eher bereit, Ihnen Arbeit abzunehmen, als wenn Sie die Arbeit einfach unbegründet liegen lassen, getreu dem Motto: „Er wird sich ja denken können, dass es mir zu viel ist."

In der Praxis erhöhen Sie die Kooperationsbereitschaft bei einem Gesprächs- oder sogar Konfliktpartner also am besten, wenn Sie

- sich offen für die Meinungen und Empfindungen anderer zeigen („Bitte erkläre mir deine Sicht der Dinge, es interessiert mich.");
- deutlich machen, dass Sie auf Kompromisse aus sind („Auch wenn wir hier anderer Meinung sind, sollten wir eine gemeinsame Lösung finden.");
- dem Gegenüber auf der persönlichen Ebene Respekt zeigen, auch wenn Sie inhaltliche Differenzen haben mögen („Ich schätze Sie und Ihre Meinung sehr, auch wenn wir hier unterschiedlicher Auffassung sind.").

Durch diese positiven Signale, die Sie senden, erhöhen Sie das *Vertrauen* beim Gegenüber. Sie sollten zunächst aber auch sich selbst vertrauen: Sie müssen hinter Ihren Positionen stehen und sich darüber im Klaren sein, dass Sie ein berechtigtes Anliegen haben. Im zweiten Schritt sollten Sie aber auch auf die Berechtigung des Anliegens Ihres Gesprächspartners vertrauen. Zuletzt müssen Sie das Vertrauen aufbringen, dass der andere Ihre Kompromiss- und Kooperationsbereitschaft nicht ausnutzt. Vertrauen ist also der Grundstein, auf dem Kompromisse fußen.

KONFLIKTPRÄVENTION FÜR EINE DAUERHAFTE HARMONIE

Im ersten Schritt ist es wichtig, die Konflikte anzunehmen und auszutragen, doch wenn Sie im Laufe Ihrer Beziehung in eine Endlosschleife geraten und immer wieder über dieselben Themen streiten, ist Ihnen und Ihrer Beziehung ebenfalls nicht geholfen. Oftmals schleichen sich in langjährige Beziehungen gewisse Grundkonflikte ein, die immer und immer wieder in anderer Form zutage treten. Zwar gibt es unterschiedliche Auslöser, doch die grundsätzliche Spannung ist immer dieselbe. Versuchen Sie daher, wiederkehrende Konflikte möglichst zu vermeiden, und handeln Sie dazu präventiv, das heißt, Sie suchen schon eine Lösung, bevor der Streit offen ausgetragen wird, und lassen es so erst gar nicht zu einer konfrontativen Auseinandersetzung kommen.

Übungen:

Konfliktprävention in der Paarbeziehung

1. Kommunikation verbessern: Die Grundlage jeder guten Beziehung ist gute Kommunikation. Daher lassen sich Beziehungskonflikte am besten vermeiden, indem man sehr genau auf die eigene Ausdrucksweise achtet. Sprechen Sie offen miteinander über alles, was Ihnen auf dem Herzen liegt, denn dafür ist eine gute Beziehung schließlich da. Sagen Sie einerseits offen, was Sie stört, seien Sie andererseits aber auch offen für Komplimente und positive, wertschätzende Kommunikation. Senden Sie Ich-Botschaften, statt einander Vorwürfe zu machen, sprechen Sie über Ihre konkreten Wünsche und Bedürfnisse, anstatt andeutungsvoll und vage zu kommunizieren. Eine gute und positive Kommunikation bildet das vielfach zitierte Fundament der Beziehung und hilft somit bei der Konfliktprävention.

2. Muster erkennen: Je länger die Beziehung hält, desto wahrscheinlicher schleichen sich bestimmte Muster ein, was sowohl die Kommunikation als auch die Handlungsweisen beider Partner anbelangt. Streitigkeiten werden beinahe zu einer Art Choreographie, denn sobald ein Partner etwas sagt, reagiert der andere auf eine ganz bestimmte Art und Weise darauf und schon nimmt der Konflikt zum wiederholten Male seinen Lauf. Irgendwann ist ein Punkt erreicht, an dem beide Partner genug von diesen wiederkehrenden Konfliktsituationen haben. Wenn Sie allerdings das Muster erkannt haben (sie macht ihn auf etwas aufmerksam, er reagiert trotzig, sie reagiert wütend etc.), ist es ein Leichtes, dieses zu durchbrechen. Sie kennen bereits die Auslöser des Konflikts, also liegt es an Ihnen beiden, das Ausbrechen zu vermeiden, indem Sie die Auslöser („Trigger-Punkte") umgehen. Hierbei hilft wiederum der erste Punkt, die verbesserte Kommunikation: „Ich weiß, du fühlst dich oft von mir angegriffen, aber diese Kritik geht nicht gegen dich persönlich ..." Sind die Muster erst durchbrochen, kommen Sie aus der Spirale heraus und verfallen nicht immer wieder in dieselben Konflikte.

3. Konfliktthemen offen ansprechen: Über die Wichtigkeit, Konfliktthemen offen anzusprechen, haben wir in diesem Kapitel bereits einiges gelernt. Wenn Sie etwas an Ihrem Partner stört, zögern Sie nicht, dies offen anzusprechen. Besser Sie reden miteinander und arbeiten im besten Fall an einer gemeinsamen Lösung, anstatt die Wut und den Ärger immer weiter anzustauen. So verhindern Sie den Ausbruch von Streitigkeiten, indem Sie diesen durch ein Gespräch bereits die Grundlage entziehen und Ihren Konflikt ruhig, vernünftig und sachlich auflösen. Dabei kommt es, wie wir ebenfalls in diesem Kapitel gelernt haben, sowohl auf den Sender als auch auf den Empfänger der Nachricht an. Äußern Sie als Sender Ihre Kritik sachlich und in Form von Ich-Botschaften und versuchen Sie auf der anderen Seite, als Empfänger ebenfalls ruhig zu bleiben und die Kritik nicht auf Sie persönlich zu beziehen.

4. Beziehung im Alltag stärken: Bauen Sie in Ihren Alltag immer wieder kleine Momente ein, die Ihre Beziehung stärken. Unternehmen Sie etwas Schönes gemeinsam, gehen Sie unter der Woche schick essen, ohne dass es einen bestimmten Anlass dafür gäbe. Schenken Sie sich gegenseitig eine Kleinigkeit als Zeichen der gegenseitigen Zuneigung und Wertschätzung. Diese Tipps mögen banal klingen, sie sind aber essentiell, um eine gesunde und langanhaltende Beziehung aufrechtzuerhalten. Der Alltag wird über die Jahre oftmals zur Bremse für die Beziehungsdynamik. Langeweile und öde Routinen stellen sich ein, die Stimmung wird schlechter, Konflikte eskalieren schneller. Durch kleine, aber feine Gesten und gemeinsame Erlebnisse, die den Alltag spannender gestalten, stärken Sie Ihre Beziehung nachhaltig und beugen immer wiederkehrenden Konflikten vor.

Kommunikationsregeln für die Konfliktprävention

Wir haben nun also gelernt, dass die meisten Konflikte ihre Ursache in einer fehlerhaften Kommunikation haben. Um dies zu verhindern, gibt es kommunikative Grundregeln, mit deren Einhaltung Sie die Wahrscheinlichkeit für eine gelungene, also konfliktfreie, Kommunikation entschieden erhöhen. Jede Beziehung kann dabei zusätzlich individuelle Regeln haben, an die sich beide Partner halten sollten, diese können, wie wir bereits gelernt haben, bilateral zwischen den Partnern ausgemacht werden. Halten wir an dieser Stelle jedoch die allgemeingültigen Regeln fest:

1. Offener und ehrlicher Umgang miteinander: Beide Partner sollten die Möglichkeit haben, ein Konfliktthema offen anzusprechen. Dabei sollte die Kommunikation klar und ehrlich verlaufen. Achten Sie auch darauf, dass Ihre Körpersprache kongruent zu Ihren Aussagen ist, um keine Dissonanzen beim Gegenüber zu erzeugen. Das heißt aber auch: Sie sollten sich nicht verstellen. Auch wenn jederzeit die Möglichkeit bestehen sollte, einen Konflikt anzusprechen, sollte die Antwort ebenso ehrlich sein. Eine Antwort wie „Ich bin gerade nicht besonders aufnahmefähig, können wir das zu einem späteren Zeitpunkt besprechen?" ist ehrlicher und daher mehr wert als ein gekünsteltes „Ja, okay, wenn du willst, können wir reden". Sie sollten innerhalb der Partnerschaft keinerlei Bedenken haben, offen und ehrlich miteinander zu sein.

2. Das richtige Timing: Es kommt in der Kommunikation nicht nur auf den Inhalt an, sondern auch auf das Timing. Ein berechtigter Kritikpunkt, geäußert in einer unpassenden Situation, führt schnell zum Konflikt. Hierfür bedarf es der bereits häufiger angesprochenen Empathie. Versuchen Sie, sich in Ihren Partner hineinzuversetzen. Wie fühlt er sich in diesem Augenblick? Passt es gerade oder nicht? In welcher Situation befinden wir uns – ist er vielleicht gestresst, angespannt oder ohnehin bereits genervt von etwas anderem? Dann ist das Timing wahrscheinlich nicht optimal. Hierbei können die innerhalb der Beziehung individuell festgelegten Regeln eine Hilfe sein. Dort können Sie gewisse Zeiten festlegen, zu denen es grundsätzlich nicht passt und zu denen Sie grundsätzlich keine Konfliktgespräche führen wollen.

3. Die Ebenen nicht vermischen: Inhalts-, Appell- und persönliche Ebene schwingen in den meisten Sprechakten mit. Doch der Fokus des Gesprächs sollte auf einer Ebene liegen. Entweder möchten Sie eine inhaltliche Kritik am Partner üben, beispielsweise weil dieser in einer konkreten Situation unzuverlässig war, sich nicht an eine Abmachung gehalten hat etc., oder Sie möchten ihn auf der persönlichen Ebene für einen Charakterzug kritisieren: „Du wirkst auf mich in bestimmten Situationen sehr bevormundend und rechthaberisch, weil ..." Oder aber Sie möchten einen Appell an ihn richten: „Ich möchte dich bitten, dich in Zukunft stärker im Haushalt zu beteiligen." Formulieren Sie konkret und vermischen Sie nicht die kommunikativen Ebenen: „Weil du mein Freund bist und mich liebst, musst du mehr im Haushalt mithelfen." Diese Aussage kann leicht angegriffen oder abgewehrt werden, weil die personale und die Appellebene vermischt werden. Vielleicht hat für den Freund das eine aber nichts mit dem anderen zu tun: „Ich liebe dich genauso, auch wenn ich nichts im Haushalt mache." Somit führt diese Argumentation letzten Endes nicht zu einem Kompromiss.

4. Das Positive sehen: Auch wenn es einen konkreten Anlass für einen Konflikt gibt – es gibt immer noch einen Grund, warum Sie überhaupt mit Ihrem Partner zusammen sind, und es gibt einen Grund, warum Ihnen die Partnerschaft so wichtig ist, dass Sie darum kämpfen. Wäre es Ihnen egal, was mit Ihrer Beziehung passiert, könnten Sie es sich leicht machen und die Konfrontation einfach umgehen. Dass Sie diese aber suchen, obwohl sie anstrengend ist, bedeutet, dass Sie eine Zukunft und einen tieferen Sinn in der Beziehung sehen: Vergessen Sie diese grundsätzlich positive Grundstimmung nicht, auch wenn Sie ein Konfliktgespräch führen. Denken Sie an die positiven Seiten, die Sie an Ihrem Partner lieben und schätzen, und Sie werden sehen, dass das Gespräch direkt einen angenehmeren Verlauf nimmt, in dem tiefschürfende Konflikte erst gar nicht entstehen.

5. Andeutungen erkennen und Vermutungen äußern: Wir sind alle nicht perfekt. Daher ist auch das Ideal einer jederzeit offenen und ehrlichen Kommunikation nicht immer erreichbar. Selbst wenn wir es uns fest vornehmen, immer direkt zu formulieren, was uns auf der Seele liegt, schaffen wir es manchmal nicht. Dies muss nicht einmal in schlechter Absicht geschehen, unter Umständen wissen Sie schlicht nicht, wie Sie Ihre Kritik formulieren sollen, und warten daher ab, während der Partner die angespannte Grundstimmung aber bereits wahrnimmt. Wenn Sie diese Stimmung spüren, zögern Sie nicht, Ihren Partner zu fragen: „Gibt es etwas, was dich bedrückt?", „Ich habe das Gefühl, dass du angespannt bist? Gibt es etwas, worüber wir reden sollten?" So machen Sie den ersten Schritt und versuchen nicht, den möglichen Konflikt totzuschweigen. Das funktioniert ohnehin beinahe nie – früher oder später kommt das Thema auf den Tisch. Mit etwas Empathie und Einfühlungsvermögen können Sie diese Stimmungen aufnehmen und mit einer gezielten Nachfrage verhindern, dass sie sich verfestigen.

Schritt 6: Intimität und Nähe wiederherstellen

**„Intimität ist die Fähigkeit,
jemandem seine kleinen Merkwürdigkeiten zu zeigen
und festzustellen, dass das für ihn in Ordnung ist.“**
(Alain de Botton)

Emotionale und körperliche Nähe hängen eng miteinander zusammen. Emotionale oder auch geistige Verbundenheit kann sich zum Beispiel durch körperliche Nähe und Intimität ausdrücken, schließlich kuschelt man nur mit jemandem, mit dem man sich auch emotional verbunden fühlt. Auch Intimität und körperliche Nähe können bei lang anhaltenden Beziehungen dem Alltag und den Routinen beider Partner zum Opfer fallen. In diesem Kapitel soll es daher darum gehen, beide Aspekte von Nähe in Ihrer Beziehung wieder herzustellen.

Die Bedeutung von Intimität in Beziehungen

Intimität gehört ebenfalls zum Fundament einer jeden Beziehung. Man sollte jedoch nicht den Fehler machen, dabei immer nur an körperliche Intimität zu denken. Vielmehr gibt es verschiedene Ebenen, auf denen sich Intimität in einer Paarbeziehung manifestieren kann.

Vier Ebenen der Intimität

1. Körperlich: Beginnen wir trotz allem mit der bekanntesten und offensichtlichsten Form von Intimität, der körperlichen. Dazu zählen kleine Gesten wie Händchenhalten, Umarmungen, Kuscheln, aber auch Küssen sowie Sex. Jeder Mensch hat ein unterschiedlich stark ausgeprägtes Bedürfnis nach körperlicher Nähe. Erinnern wir uns an dieser Stelle kurz an die Bindungstypen, die wir zu Beginn dieses Buches kennengelernt haben: Körperliche Nähe ist immer auch ein Ausdruck von Intimität und daher von Bindung; manche benötigen deshalb ein hohes Maß an körperlicher Intimität, das heißt, sie wollen viel kuscheln, halten auch beim gemeinsamen Spaziergang gerne Händchen, suchen förmlich nach Berührungen und wollen gerne regelmäßig umarmt werden oder sich küssen. Andere wiederum brauchen diese Form der körperlichen Zuneigung seltener und bleiben lieber distanziert. Das Maß an körperlicher Nähe in der Beziehung wird also von beiden Partnern bestimmt und beide sollten gleichermaßen darauf achten, dass die eigenen Bedürfnisse in einem befriedigenden Maß berücksichtigt werden – oftmals bedeutet das einen Kompromiss, den Sie gemeinsam schließen, um das richtige Maß zwischen Distanz und Nähe zu finden. Das Nähebedürfnis kann sich mit der Zeit auch ändern, denn gerade zu Beginn einer Partnerschaft sind oftmals beide noch relativ stark an einer emotionalen und körperlichen Nähe zum Partner interessiert, man fühlt sich stärker angezogen. Dieses Bedürfnis kann mit der Zeit nachlassen, was per se nichts Schlechtes bedeuten muss; es heißt auch nicht, dass die Anziehungskraft des Partners geringer wäre als zuvor, nur das Bedürfnis nach dem körperlichen Ausdruck hat sich verringert. Stimmen Sie sich also ab und – auch hier unerlässlich – kommunizieren Sie Ihrem Partner Ihre Bedürfnisse. So vermeiden Sie Konflikte und Missverständnisse, die am Ende zu Beziehungsproblemen führen können, etwa wenn ein Partner sich durch zu viel Nähe eingeengt fühlt, während der andere die Distanz als Abwehrhaltung und fehlende Zuneigung interpretiert.

2. Emotional: Mindestens genauso wichtig wie die körperliche ist die emotionale Intimität in einer Partnerschaft. Hierbei geht es vor allem um die bereits angesprochenen Punkte wie Vertrauen, Verbundenheit und die Bereitschaft beider Partner, sich emotional auf den anderen einzulassen. Empathie spielt dabei wiederum eine große Rolle, es geht immer auch darum, sich in den Partner und seine Bedürfnisse, seine Denkweise hineinzuversetzen. Emotionale Nähe bedeutet auch, dass man über die Dinge sprechen kann, die einen emotional beschäftigen, zum Beispiel über Ängste, Sorgen und Nöte. Mit einem Partner, den Sie lieben und mit dem Sie emotional verbunden sind, sprechen Sie über Ihre innersten Empfindungen und Gefühle, vor allem über die, über die Sie mit anderen Personen nicht sprechen würden. Nehmen wir an, Sie haben Zukunftsängste und träumen daher des Öfteren von einer wirren und undurchsichtigen Zukunft ohne Sicherheit. Die Träume beschäftigen Sie und sorgen dafür, dass Sie schlechter schlafen. Einem Arbeitskollegen würden Sie unter Umständen noch erzählen, dass Sie zurzeit unruhig schlafen, Sie würden ihm aber die genaue Ursache nicht detailliert erörtern. Mit Ihrem Partner hingegen können Sie genau über derartige Dinge sprechen. Woher rührt die Angst? Was kann man tun, um sie aufzulösen? Wie kann der Partner unter Umständen dabei helfen? Emotionale Bindung bedeutet, sich sicher und geborgen beim anderen zu fühlen, wie in einem *Safe Space*. Scham oder Angst davor, Einblick in die eigene Gefühlswelt zu gewähren, sollte es in einer gesunden Partnerschaft nicht geben – wenn Sie Ihre Emotionen mit jemandem teilen können, dann doch schließlich mit Ihrem Partner. Durch tiefe Gespräche und den Austausch echter Gedanken und Gefühle können Sie die emotionale Verbundenheit mit Ihrem Partner stärken. Insbesondere in Beziehungskrisen können Sie dann von dem zuvor aufgebauten Vertrauen zehren, das stärker sein sollte als eine temporäre Beziehungskrise.

3. Spirituell: Am häufigsten vergessen wird hier die spirituelle Intimität. In unserer heutigen, oft vom harten Realismus geprägten, Gesellschaft, spielt Spiritualität für die meisten Menschen eine untergeordnete Rolle. Dennoch sollte dieser Aspekt keinesfalls vernachlässigt werden. Es geht darum, seinen eigenen inneren Frieden zu finden und diesen auch dem Partner zu ermöglichen. Einem anderen Menschen inneren Frieden zu schenken bedeutet, ihn zu akzeptieren, zu respektieren und zu lieben, so, wie er ist. Auch wenn Sie sich nicht immer einig sind, unter Umständen nicht an das Gleiche glauben (sei es religiös, politisch, weltanschaulich), empfinden Sie doch einen tiefen Respekt voreinander und wollen das Beste für Ihren Partner. Um ein Segen für andere sein zu können, müssen Sie jedoch, so zumindest die Auffassung der meisten spirituellen Lehren, mit sich selbst im Reinen sein. Eine wichtige Grundlage des spirituellen Zusammenhalts in der Beziehung ist also, dass Sie mit sich selbst zurechtkommen und keine inneren Konflikte oder Widersprüche verarbeiten müssen. Spirituelle Intimität gewinnen heißt daher, sich mit sich selbst auseinanderzusetzen und die Erkenntnisse dieser Reflexion in einem positiven Sinne in die Beziehung einzubringen.

4. Intellektuell: Tiefgründige Gespräche sind ein wichtiger Bestandteil einer jeden Beziehung. Dabei kann es einerseits um emotionale Themen gehen, wenn Gefühle und Empfindungen besprochen werden, doch je nach Interessengebiet können auch Gespräche über Politik, Kultur oder Zeitgeschehen sehr anregend sein. Ihr Partner präsentiert Ihnen dabei unter Umständen Sichtweisen und Argumente, auf die Sie selbst nie gekommen wären. Derartige Gespräche können enorm anregend für den Geist sein.

Biographie:
Hartmut Rosa
Hartmut Rosa (* 1965 in Lörrach) ist ein deutscher Soziologe, der derzeit als Professor an der Universität Jena tätig ist. Mit seiner Theorie der Resonanz erlangt er auch über den Wissenschaftsbetrieb hinaus eine gewisse Bekanntheit.

Rosa wuchs im Schwarzwald auf und begann nach seinem Abitur mit dem Studium der Politikwissenschaft, Philosophie und Germanistik an der Universität Freiburg. Nach verschiedenen Anstellungen als wissenschaftlicher Mitarbeiter in Mannheim und Jena habilitierte er an letztgenannter Uni mit einer Studie, die den Titel „Soziale Beschleunigung. Die Veränderungen der Zeitstrukturen in der Moderne" trägt. Diese Arbeit sollte eine Grundlage für sein späteres Werk schaffen.

Rosa sieht Beschleunigung als einen wesentlichen Faktor unserer Zeit. Durch diese würde, trotz positiver Aspekte wie ökonomischer und technischer Fortschritte, unsere Beziehung zu unserer Umwelt, sowohl zur Natur als auch zu unseren Mitmenschen, erschwert. Ein Gegenstand seiner Forschung ist dabei die sogenannte Desynchronisation – also die Auflösung fester Zeitstrukturen.

Insbesondere in seinem Werk „Resonanz. Eine Soziologie der Weltbeziehung" kombiniert Rosa diese Themen mit klassischer soziologischer und philosophischer Literatur, etwa mit dem Entfremdungsbegriff von Karl Marx. Resonanz sei dabei ein Gegenstück zur Entfremdung, weshalb das Ziel einer guten (sozialen) Beziehung eine größtmögliche Resonanz beider Partner sein sollte. Rosa ist ledig und lebt in Jena, wo er bis heute lehrt, und im Schwarzwald.

Zudem erzeugen tiefgründige Gespräche das, was der Soziologe Hartmut Rosa unter dem Begriff der Resonanz subsumiert: Sie treten in Austausch mit anderen und erleben durch diesen Austausch, dass auch Sie von anderen wahrgenommen werden und in Beziehung zu anderen stehen. Klingt abstrakt? Nehmen wir ein simples Beispiel: Sie sprechen mit Ihrem Partner über das Thema Liebe und vertreten dabei die Position, dass es keine Liebe auf den ersten Blick geben könne, schließlich brauche man eine Weile, um sich wirklich kennen und lieben zu lernen. Ihr Partner argumentiert dagegen und sagt, dass er Sie zum Beispiel bereits beim ersten Aufeinandertreffen als attraktiv empfunden und eine Art Verliebtheit gespürt habe. Er bezieht sich also in seiner Argumentation auf Sie und auf Ihr Argument, weshalb Sie indirekt auch ein Feedback zu Ihrer eigenen Wirkung auf die Außenwelt erhalten. Tiefe Gespräche sind also für beide Partner eine geistige Anregung und können die soeben besprochene emotionale Verbundenheit stärken. Die Auswahl der Themen bleibt dabei Ihnen überlassen, am einfachsten ist es natürlich, wenn beide Partner ähnliche Interessengebiete haben und sich über

Themen dieses Interessengebiets unterhalten können. Doch auch wenn Ihre Interessen unter Umständen auseinandergehen, tun Sie gut daran, sich auf den Partner einzulassen. Versuchen Sie, das Interesse zu teilen, und öffnen Sie so Ihren Horizont für neue Themen, denn auch diese Offenheit kann eine Bereicherung für beide Partner und somit die gesamte Beziehung sein.

Intimität als Grundlage für eine gelungene Beziehung

Intimität bedeutet also, dass die Partner gleich auf mehreren Ebenen miteinander harmonieren. Sie teilen intime Gedanken, aber auch intime körperliche Momente miteinander und sind zugleich offen, ehrlich und empfinden keine Scheu davor, sich dem Partner zu öffnen. Aus dieser Erkenntnis ergibt sich quasi von selbst, warum Intimität eine der wichtigsten Grundlagen für eine gelungene Beziehung ist: Sie ist der wesentliche Faktor, der eine Liebesbeziehung von anderen engeren sozialen Beziehungen unterscheidet. Auch einem guten Freund können Sie sich in einem gewissen Maße anvertrauen, doch mit ihm werden Sie nicht körperlich intim. Auch mit einem Arbeitskollegen können Sie unter Umständen intellektuell auf einem guten Niveau kommunizieren und Anregungen aus den Dialogen ziehen, doch spirituelle oder emotionale Intimität stellt sich nicht ein.

Wenn Intimität in einer Beziehung nachlässt oder gar droht, gänzlich verloren zu gehen, ist das keinesfalls geringfügig, sondern kann die Beziehung gefährden. Versuchen Sie daher unter allen Umständen, die Intimität der Partnerschaft zu pflegen und sie bewusst zu steigern. Häufig sind es schließlich nicht die Grundeigenschaften, die sich im Laufe der Beziehung und mit der Gewöhnung an den Alltag verändern, sondern vielmehr die Manifestation. Oder anders gesagt: Die Grundlagen der Intimität sind weiterhin vorhanden, doch im Alltag werden sie nicht mehr gelebt – es finden zu wenige intime Momente des Austauschs von Zärtlichkeiten, des Zusammenseins oder des Kuschelns statt. Lassen Sie diese wertvollen Momente nicht zum Opfer Ihres Alltags werden, sondern machen Sie sich die Bedeutung der Intimität bewusst.

Sie können die Barrieren für mehr Intimität, die der Alltag Ihnen in den Weg legt, einfach überwinden. Machen Sie sich bewusst, dass Intimität alles andere als eine Nebensache der Beziehung ist – zudem hat sie für beide Seiten nur Positives zu bieten. Intimität steigert das Wohlbefinden in der Partnerschaft, denn wir fühlen uns geistig und emotional stärker an den Partner gebunden. Zudem tut uns auch die körperliche Nähe erwiesenermaßen gut: Durch das Ausschütten von Hormonen, wie zum Beispiel Oxytocin (gerne auch als „Kuschelhormon" bezeichnet), fühlen wir uns glücklicher und zufriedener. Mehr Intimität in der Beziehung bedeutet also mehr Glück und mehr Wohlbefinden für beide Seiten.

Im Folgenden gehen wir darauf ein, wie emotionale und physische Intimität wiederhergestellt werden können.

Emotional und physisch wieder näherkommen

Wenn Sie bereits spüren, dass Sie sich emotional oder physisch ein wenig zu sehr voneinander entfernt haben, dann sollten Sie dringend dagegen vorgehen. Ergreifen Sie ruhig die Initiative und kommunizieren Sie offen mit Ihrem Partner: „Ich habe das Gefühl, dass unsere Intimität in letzter Zeit weniger geworden ist. Siehst du das auch so? Und was können wir dagegen tun?" Schwierig wird es, wenn der Partner diese Empfindung nicht teilt, dies wäre vermutlich auf die unterschiedlichen Bindungstypen und ein divergierendes Nähebedürfnis zurückzuführen. In diesem Fall sollten Sie dennoch an einem Kompromiss arbeiten. Empfindet Ihr Partner allerdings ähnlich wie Sie, ist das Ziel eindeutig – wieder mehr Intimität in den Alltag integrieren. Beratschlagen Sie gemeinsam, wie Sie das Ziel erreichen können, vielleicht können Sie basierend auf Ihrer individuellen Beziehung bereits einige Punkte ausmachen. Sollte Ihnen dies schwerfallen, gibt es jedoch auch einige etablierte Übungen, die häufig in der Paartherapie zur Anwendung kommen und äußerst erfolgversprechend sind:

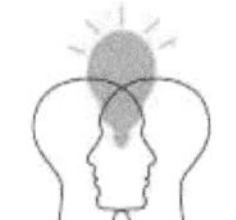

Übung:

Emotionale und körperliche Wiederannäherung

1. Gemeinsame Rituale: Der (graue) Alltag kann oft zum Hauptproblem für die emotionale Verbundenheit beider Partner werden. Umso wichtiger ist es, den Alltag so zu gestalten, dass er eben nicht zur Beziehungsbremse wird, dass Sie noch immer jeden Tag etwas gemeinsam erleben, auf das Sie sich freuen können. Etablieren Sie daher kleine Rituale, die Ihren Alltag verschönern. Je nachdem, welche gemeinsamen Interessen Sie haben, können Sie zum Beispiel zwei Tage in der Woche festlegen, an denen Sie gemeinsam kochen oder Sport treiben. Oder aber Sie nehmen sich vor, jeden Abend die Folge einer Fernsehserie gemeinsam anzuschauen, dabei zusammen auf der Couch zu sitzen, während Sie ein wenig kuscheln und so die physische Bindung wieder stärken. Suchen Sie sich ein Ritual, das Ihnen beiden Spaß macht und Sie beide wieder näher zusammenbringt.

2. Gemeinsame Aufgaben zur Stärkung des Zusammenhalts: Klassischerweise werden in Paartherapien häufig Übungen eingesetzt, die Komponenten zur Stärkung sowohl des emotionalen als auch des körperlichen Zusammenhalts beinhalten. In den letzten Jahren ist eine interaktive Aufgabe in Form eines Escape Rooms auch hierzulande besonders populär geworden. Ziel ist es, bestimmte Rätsel als Gruppe zu lösen, um gemeinsam aus einem Raum zu entkommen. Die Rätsel sind teilweise Denk- oder Logikaufgaben, oftmals gibt es aber auch die eine oder andere physische Aufgabe zu meistern. Solche Spiele können den Zusammenhalt enorm stärken, da Sie gemeinsam handeln müssen – es bleibt keine Alternative. Auch können Sie bei solchen Spielen Eigenschaften Ihres Partners (wieder)entdecken, die Sie schon immer sehr zu schätzen wussten: „Du kannst wahnsinnig gut um die Ecke denken" oder „Deine Ideen sind immer die besten, du hilfst mir dabei, selbst zu denken." Derartige Aufgaben können auch in der freien Natur stattfinden, es gibt zum Beispiel Waldwanderungen oder Wildwasserfahrten, bei denen Sie ebenfalls mit Ihrem Partner bestimmte Challenges absolvieren müssen, um gemeinsam zum Ziel zu gelangen. Hier steht die physische Komponente noch ein wenig mehr im Vordergrund, man muss sich hin und wieder sogar körperlich sehr nah kommen, um die Aufgaben zu lösen. Versuchen Sie es mit einer solchen Challenge und Sie werden feststellen, dass Sie sich schon bald körperlich und emotional wieder angenähert haben.

3. Gemeinsame Reise: Um aus dem Alltag auszubrechen, bedarf es manchmal eines Tapetenwechsels. Eine andere Umgebung, neue Leute um Sie herum, vielleicht sogar eine fremde Sprache und ein anderes Klima sorgen dafür, dass Sie wieder neue Eindrücke gewinnen und generell offener und positiver gestimmt sind. Daher kann eine gemeinsame Reise mit gemeinsamen Ausflügen, einem geteilten Bett und der gemeinsamen Anreise (ob mit dem Auto, im Zug oder im Flugzeug) neues Leben und neue Intimität in Ihre Beziehung bringen. Es muss dabei nicht zwingend eine Fernreise sein, auch die österreichischen Alpen, die Toskana oder die Provence bieten wunderschöne Fleckchen Erde, auf denen Sie Ihre gemeinsame Reise genießen und somit Ihre Beziehung stärken können. Entscheiden Sie sich gemeinsam für ein Reiseziel und hauchen Sie der Beziehung durch neue Eindrücke neues Leben ein.

Die Bedeutung von Romantik und Leidenschaft in der Beziehung

Unterschätzen Sie niemals die Bedeutung von Leidenschaft und Romantik in Ihrer Beziehung. Für viele klingt allein der Begriff „Romantik" ein wenig verstaubt und man denkt an „Romeo und Julia" auf dem Balkon, an seichte Liebeslieder oder vielleicht sogar an tradierte Geschlechterrollen. Doch viele romantische Gesten und Erlebnisse bereichern die Beziehung sichtlich. Oder freuen Sie sich nicht, wenn Ihr Partner Ihnen einen Blumenstrauß mitbringt, Sie an Ihrem Geburtstag oder Jahrestag zum Essen ausführt oder Sie gemeinsam etwas Schönes kochen und anschließend bei einem guten Glas Wein auf der Couch sitzen und vertraut miteinander sprechen? All das sind romantische Vorstellungen, die den meisten Menschen allerdings sehr gut gefallen und die keineswegs aus der Zeit gefallen sind, sondern sich vielmehr über die Jahrzehnte hinweg als Teil funktionierender Beziehungen etabliert haben.

Romantik muss dabei keineswegs spießig sein. Jedes Paar hat eine eigene Vorstellung von diesem Begriff, wichtig ist dabei, dass ein anderer entscheidender Aspekt der Beziehung nicht zu kurz kommt: die Leidenschaft! Sie sollten sich auf Ihren Partner freuen, wenn Sie ihn sehen, noch immer sollte der Anblick und die Nähe Ihres Partners positive Gefühle in Ihnen auslösen. Je nach Situation und Tagesform können diese Gefühle unterschiedlich gelagert sein – von einem Bedürfnis nach Kuscheln über erotische Anziehungskraft bis hin zur Lust an einem guten Gespräch kann Leidenschaft zahlreiche Formen annehmen. Lassen Sie diese jedoch keinesfalls zu kurz kommen, sondern erhalten Sie die Leidenschaft aufrecht. Dies gelingt vor allem durch die Pflege der Intimität in der Beziehung, der wir im Folgenden ein eigenes Kapitel widmen:

Die Pflege der Partnerschaft durch Intimität

Intimität ist also ein Schlüssel zur gelungenen Partnerschaft. Bauen Sie daher intime Momente jederzeit in Ihren Alltag ein und lassen Sie diesen Aspekt der Partnerschaft keinesfalls schleifen. Planen Sie sich gemeinsame Zeit ein, unternehmen Sie zusammen ein Abenteuer und schaffen Sie unvergessliche Erinnerungen, die Sie für den Rest Ihres Lebens begleiten. Teilen Sie Ihre Interessen und Hobbys miteinander und lassen Sie sich dabei auch auf die Interessen des Partners ein, die nicht Ihre ureigenen sind. Dabei entwickeln Sie unter Umständen ein neues Hobby für sich, denn Sie werden feststellen, dass Ihnen die Interessen Ihres Partners ebenfalls Spaß machen können, auch wenn Sie damit nicht gerechnet hätten. Sie erweitern damit den eigenen Horizont und stärken dabei noch Ihre Beziehung. Denn wenn Ihr Partner spürt, dass Sie sich für ihn und seine Interessen ebenfalls interessieren und begeistern können, wird er sich wertgeschätzt und zufrieden fühlen. Gemeinsame Erlebnisse, das Teilen von Gefühlen und eine geistige sowie körperliche Verbundenheit sind also unerlässlich für das Funktionieren Ihrer Beziehung. Sollten Sie sich schwer damit tun, Intimität als Teil Ihres Alltags in Ihr Leben zu integrieren, sollten Sie es unbedingt mit speziellen Intimitätsübungen versuchen, denn keine Investition in Ihre Beziehung zahlt sich für beide gleichermaßen aus wie die Investition in den Aufbau von Intimität. Sie beide fühlen sich besser und Ihre Beziehung wird dadurch stabiler.

Intimitätsübungen für Paare

Wenn Sie sich also körperlich und mental wieder angenähert haben, sind Sie bereits auf einem guten Weg in Richtung einer harmonischen Beziehung. Nun muss es das Ziel sein, diese Form der Harmonie und der Intimität aufrechtzuerhalten. Auch hierfür gibt es selbstredend Übungen, die Sie in Ihren Alltag integrieren können, um auch dort Ihre Intimität zu stärken und nicht erst dann mit den Übungen zu beginnen, wenn sich bereits ein Konflikt anbahnt.

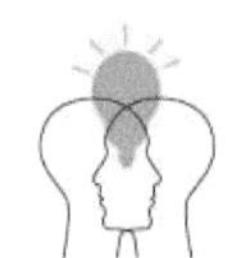

Übungen:

Intimität in der Partnerschaft stärken

1. Gespräche am Abend: Versuchen Sie, das Abendgespräch in Ihren Alltag zu integrieren. Es handelt sich dabei um einen schematischen Gesprächsablauf, der dabei helfen soll, Ihre Erlebnisse, Erfahrungen und natürlich Emotionen des vergangenen Tages zu verarbeiten. Die Übung funktioniert wie folgt: Setzen Sie sich abends zusammen und erzählen Sie sich gegenseitig von Ihrem Tag, Partner A beginnt und erzählt fünf Minuten. Wenn A fertig ist, fasst Partner B die Schilderungen innerhalb von zwei Minuten zusammen. Anschließend wechseln beide Partner die Sprecherposition, das heißt, nun erzählt B fünf Minuten und A fasst zwei Minuten zusammen. Die genauen Zeiten spielen dabei eine wichtige Rolle, denn sie verhindern, dass das Gespräch ausufert und somit verschwimmt, außerdem sollen beide Partner gleiche Redeanteile haben. Durch die Zusammenfassung wird ein aktives Zuhören des anderen Partners garantiert, zudem übt dieser sich in Empathie, denn er muss zusammenfassen, wie es dem anderen Partner geht, und diese Information aus den Schilderungen entnehmen. Beide müssen zudem zuvor über ihre Gefühle nachgedacht haben, um diese tatsächlich strukturiert darstellen zu können. Der vergangene Tag wird reflektiert und somit auch die eigenen Empfindungen. Versuchen Sie, dieses Ritual, wenn möglich, jeden Abend durchzuführen. Wenn ein Partner beispielsweise im Schichtdienst arbeitet, kann das Gespräch auch mittags erfolgen, es muss nicht zwingend abends sein, die korrekte zeitliche Einordnung wäre eher: am Ende eines Tages (wann auch immer dieser für Sie beginnt bzw. endet).

2. Umarmen und Entspannen: Eine Umarmung kann den Körper entspannen und sogar Verkrampfungen bzw. Anspannung im Körper lockern. Führen Sie daher folgende Übung aus. Stellen Sie sich aufrecht in einem stabilen Stand Ihrem Partner gegenüber und legen Sie Ihre Arme auf dessen Schulter. Anschließend umschließen Sie den Partner mit den Armen und lassen selbst ganz locker: Lassen Sie die Anspannung aus dem Körper gleiten, atmen Sie bewusst tief ein und aus und fokussieren Sie sich auf sich selbst. Sie werden feststellen, dass Sie innerhalb kürzester Zeit ruhiger und entspannter werden. Da Sie Ihren Partner dabei umarmen, verbinden Sie die Entspannung automatisch auch mit ihm, das heißt, Sie fühlen sich gelöst, während Sie ihn umarmen und weil Sie ihn umarmen. Umarmen und Entspannen schaffen wundervolle Momente der gemeinsamen Ruhe, Einkehr und Intimität und wecken zudem jederzeit positive Verbindungen mit dem Partner. Führen Sie die Übung nach Bedarf aus, wenn Ihnen der Sinn nach Entspannung steht. Beide Partner sollten offen für diese Übung sein, denn sie funktioniert selbstredend auch für beide gleichzeitig. Entspannen Sie sich gemeinsam und erhöhen Sie so die gemeinsame Intimität.

3. Gefühlszeit: Ähnlich wie beim Abendgespräch räumen Sie sich auch hier bestenfalls einen festen Termin am Tag ein, das kann abends, nachmittags oder auch bereits morgens am Frühstückstisch sein. Hierfür bedarf es nicht zwingend eines festen Gesprächsschemas wie etwa beim Abendgespräch, es gibt keine zeitliche Begrenzung und die Redeanteile müssen nicht zwingend ausgewogen sein. Hier geht es eher darum, dass der Partner erzählen darf, der das Bedürfnis empfindet, über seine Emotionen zu sprechen. In der Gefühlszeit sprechen Sie über alle Emotionen und Gefühle, die Sie aktuell empfinden und unter Umständen auch belasten. Ein Partner erzählt, während der andere genau zuhört – auch hier ist aktives Zuhören, und gegebenenfalls Nachfragen oder Zusammenfassen, unerlässlich, um die Befindlichkeiten des Gegenübers vollumfänglich zu verstehen. Reflektieren Sie im Anschluss gemeinsam die Gefühlswelten, die sich gerade im Gespräch aufgetan haben – so lernen Sie, über Gefühle zu sprechen und diese einzuordnen. Auch diese Übung trainiert sowohl die Empathie als auch die Achtsamkeit, denn vielleicht finden Sie gemeinsam die Ursache für belastende Gefühle heraus und überlegen sich eine Strategie, wie Sie gegensteuern können. Teilen Sie Ihre Gefühle miteinander, um mehr Intimität zu schaffen.

4. Körperliche Nähe durch Massage und Berührung: Berührung ist ein wichtiger Teil der emotionalen Bindung, daher ist es in einer Beziehung wichtig, sich regelmäßig zu berühren, und zwar in einem angenehmen Kontext, damit die Berührung positiv konnotiert ist. Ein Klassiker dabei ist die Massage, die ein Wohlbefinden durch Berührungen schafft. Ein Partner massiert den anderen dabei, löst dessen Verspannung und erhält selbst eine positive Resonanz (Es ist angenehm, den Partner zu berühren). Die Berührung verbindet und schafft eine körperliche Nähe, außerdem ist sie ein Vertrauensbeweis, denn wir lassen nicht jeden „Hand an uns anlegen", gerade bei verspannungslösenden Massagen, die bisweilen sogar etwas schmerzhaft sein können. Nutzen Sie daher die Massage als einfaches, aber effektives Mittel zur Herstellung körperlicher Nähe und Intimität. Eine Massage kann im Übrigen auch eine erotische Komponente beinhalten, womit wir zum nächsten Aspekt kommen.

5. Erotische Fantasien und Wünsche erkunden und teilen: Auch die Erotik ist ein wesentlicher Teil der Beziehung, schließlich kommt körperliche Verbundenheit auch durch Sex oder sexuell konnotierte Handlungen (enger Körperkontakt, „Dirty Talk" etc.) zustande. Es gibt allerdings Beziehungen, in denen der sexuelle Teil der Beziehung noch immer tabuisiert oder zumindest nicht offen thematisiert wird, sei es aus Scham oder auch aus Unwissenheit. Sprechen Sie jedoch unbedingt miteinander, auch und gerade, wenn es um sexuelle Vorlieben, Wünsche und Tabus geht. Nichts ist unangenehmer als eine Beziehung, in der sexuelle Bedürfnisse entweder nicht befriedigt oder in der sogar sexuelle Grenzen überschritten werden. Wenn Sie also eine bestimmte erotische Fantasie, einen Fetisch oder Ähnliches haben, sprechen Sie offen und ehrlich mit Ihrem Partner darüber, ob er sich vorstellen kann, diese Fantasie gemeinsam mit Ihnen auszuleben. Vielleicht stellen Sie fest, dass Rollenspiele oder auch leichte Fesselspiele zu einem Lustgewinn auf beiden Seiten beitragen. Sollten Sie sich allerdings unwohl fühlen und feststellen, dass die soeben erprobte Praktik nichts für Sie ist, kommunizieren Sie dies bitte genauso offen und ehrlich, denn nur so können Sie eine gemeinsame erotische Basis finden, die Ihre Bedürfnisse gleichsam befriedigt und niemanden unzufrieden zurücklässt.

Intimität und Nähe haben sich in Ihrer Beziehung also nun wieder eingestellt. Passen Sie auf, dass diese nicht (wieder) verloren geht, und integrieren Sie die gezeigten Übungen und Rituale in Ihren Alltag – auch wenn dieser stressig oder hektisch sein mag, die Zeit zur Pflege Ihrer Intimität sollten Sie sich unter keinen Umständen nehmen lassen. Im nächsten – und letzten inhaltlichen – Kapitel wird es nun um den eben angesprochenen Aspekt gehen: nämlich das Vertiefen und langfristige Aufrechterhalten der harmonischen Partnerschaft.

Exkurs: Der Sokratische Dialog

Lassen Sie uns zum Abschluss dieses Kapitels noch einen kurzen Exkurs wagen und über eine Methode zur Verbesserung der gemeinsamen Kommunikation und zur Lösung von Alltagsproblemen sprechen: den sokratischen Dialog. Doch was dürfen wir darunter überhaupt verstehen?

Definition: Der Sokratische Dialog ist eine Methode zur Gesprächsführung, bei der ein Dialogpartner durch gezielte Fragen sein Gegenüber erkennen lässt, dass dieser falsche Annahmen trifft, Denk- und Logikfehler begeht oder über Scheinwissen verfügt.

Der Fragende nimmt dabei (in Anlehnung an Sokrates – „Ich weiß, dass ich nicht weiß") die Rolle eines Nicht-Wissenden ein. Er stellt einfach Fragen, die auf den ersten Blick keinerlei Implikation haben, sondern das Gegenüber lediglich zum Denken anregen sollen.

So führt der Fragesteller seinen Dialogpartner zu der Erkenntnis, dass er die Fragen nicht in vollem Umfang beantworten kann und somit neu über die Fragestellung nachdenken muss. Es handelt sich also um eine Methode zur Anregung von *Selbstreflexion* und *Selbsterkenntnis*.

Obgleich die Methode des Sokratischen Dialogs von der Antike herrührt, ist sie auch heute noch aktuell und daher keineswegs als verstaubt oder altmodisch zu bezeichnen. In unserer heutigen Zeit geht es jedoch weniger um den Gewinn fundamentaler philosophischer Erkenntnis als vielmehr um die

Anwendung der sokratischen Methode auf konkrete Probleme des Alltags. Vor allen Dingen Probleme im beruflichen oder Beziehungskontext können mit Hilfe eines Sokratischen Dialogs besprochen werden.

Oftmals laufen soziale Konflikte zwischen zwei Personen, unabhängig davon, ob sie sich ein Büro oder ein Schlafzimmer teilen, nach einem bestimmten Schema ab. Person A tut oder unterlässt etwas, worauf Person B wütend reagiert. Person A reagiert wiederum wütend auf diese Reaktion und derselbe Konflikt wird in Bezug auf unterschiedliche Themen immer wieder aufs Neue ausgefochten.

Biografie:

Sokrates (* 469 v. Chr.; ✝ 399 v. Chr. in Athen) war ein griechischer Denker, der heute der Philosophie zugerechnet wird. Die akademische Philosophie, wie wir sie heute kennen, wurde als Begriff erst später geprägt, jedoch von Sokrates maßgeblich beeinflusst. Den Großteil seines Lebens verbrachte er in seiner Geburtsstadt Athen, wo er in der von ihm ins Leben gerufenen *Akademie* viele weitere als bedeutend angesehene Philosophen, wie etwa Platon, unterrichtete.

Jener Platon ist zugleich auch die wichtigste Quelle, die wir heute in Bezug auf Sokrates heranziehen können. Er selbst hinterließ keinerlei schriftliche Aufzeichnungen, weshalb seine Biografie schwer zu rekonstruieren ist. Laut Platons *Dialogen* wurde Sokrates im Jahr 399 v. Chr. im Alter von 70 Jahren hingerichtet, woraus sich das Geburtsjahr 469 v. Chr. rekonstruieren lässt. Zum Tode verurteilt wurde der Denker aus recht diffusen Gründen wie „Ablehnung der staatlich anerkannten Gottheiten“ oder „Verführung der Jugend“. Tatsächlich scheinen viele Thesen Sokrates‘ politisch nicht opportun gewesen zu sein, weshalb die Machthaber in Athen sich seiner entledigten.

Zu seinen Lebzeiten revolutionierte er allerdings die Denkweise vieler Zeitgenossen und wird bis heute als eine der zentralen Figuren, wenn nicht *die* zentrale Figur, der antiken Philosophie angesehen. Als Erster stellte er beispielsweise menschliche Bedürfnisse und Moralvorstellungen in das Zentrum seiner Überlegungen. Die Philosophie orientierte sich also nicht mehr nur an der Betrachtung natürlicher oder göttlicher Phänomene, sondern vor allem am Menschen als Subjekt. Weitere Fragen, die ihn umtrieben, waren die politische Philosophie, zum Beispiel die Konstitution der *Poleis* (Stadtstaaten) oder die Herausbildung von Rechtsnormen, aber auch eine kritische Reflexion von Sprache und Rhetorik sowie tradierter Erzählungen und Mythen. Insbesondere die *Polis* interessierte Sokrates – der Begriff beschreibt nicht nur die antike griechische Stadt, sondern auch die Konstitution der Gesellschaft, die in der Stadt lebte (Hansen, 2006).

All diese Themen sind bis heute von zentraler Bedeutung für Geistes- und Sozialwissenschaften und verdanken ihre grundsätzliche Betrachtungsweise vor allem der Pionierarbeit von Sokrates (Döring, 1998).

Wie läuft der Sokratische Dialog ab?

In der Literatur wird der Sokratische Dialog meist in sechs Gesprächsphasen unterteilt.

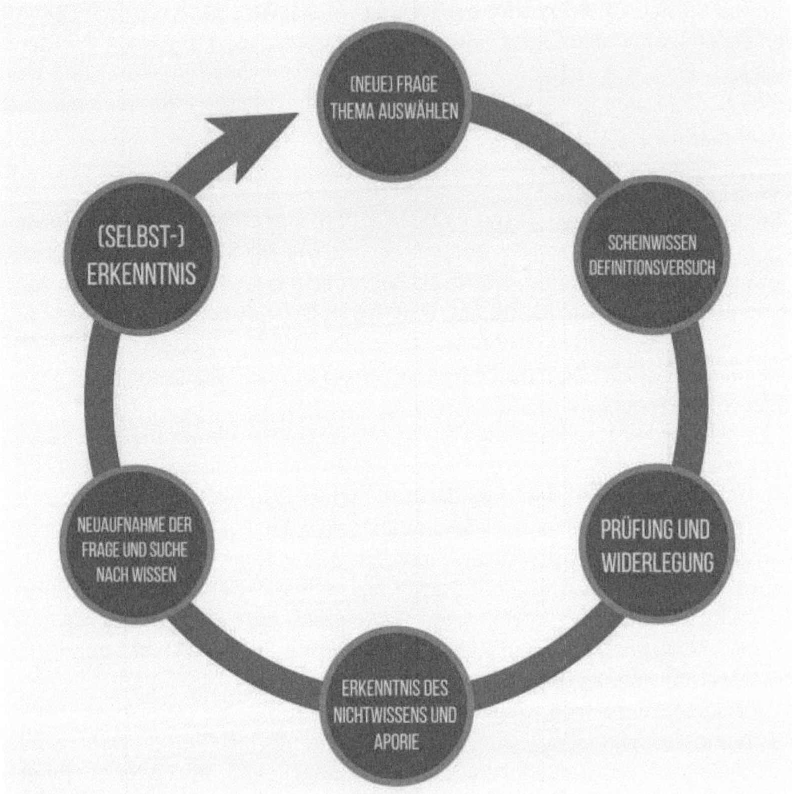

Frage / Thema: Der Sokratische Dialog beginnt zunächst mit dem Thema des Gesprächs, also mit einer Fragestellung. Das Thema hängt dabei vom konkreten Problem ab. Meist beginnt der eine Partner mit einer Schilderung seines Problems oder er wirft direkt eine Frage in den Raum, die ihn beschäftigt. Die Schilderung des Problems kann jedoch auch narrativ erfolgen, der andere Partner stellt dabei Nachfragen (aktives Zuhören). Eine direkte Frage wäre zum Beispiel: „Warum liebst du mich nicht mehr so wie früher?" Eine narrative Erzählung würde in etwa so aussehen: „Ich fühle mich oft von dir alleingelassen, du fragst mich selten nach meinen Empfindungen, willst nicht mehr so viel von mir wissen. Deshalb denke ich, dass du mich nicht mehr so liebst wie zu Beginn unserer Beziehung." Beide Einstiege sind vollkommen in Ordnung, manche tun sich mit dem Formulieren einer konkreten Frage schwerer als andere und manchmal weiß man selbst nicht genau, welche Frage man überhaupt stellen möchte. Wichtig ist hier wieder einmal auch das aktive Zuhören des anderen Partners.

Scheinbares Wissen / Versuch einer Definition: Nach der kurzen Erörterung der Eingangsfrage oder der Definition des Themas des Sokratischen Dialogs ist es die Aufgabe des Partners, sein scheinbares Wissen zu präsentieren, auf das er seine Einschätzung stützt. „Warum denkst du das?" und „Wie kommst du zu dieser Einschätzung?" wären typische Rückfragen. In unserem Beispiel glaubt der Partner, zu wissen, dass ihn der andere nicht mehr in demselben Maße liebt wie zuvor, und es gibt sicherlich gute Gründe, warum er zu dieser Einschätzung gelangt ist. Die Darlegung dieser Gründe ermöglicht es dem anderen Partner, die Situation besser einzuschätzen und die richtigen Rückfragen zu stellen. Der Partner führt also aus, dass er das Gefühl habe, nicht geliebt zu werden, weil der andere Partner sich nicht mehr ausreichend mit ihm beschäftige. Daraus folgt bereits eine Definition des Begriffs der *Liebe* oder des *Geliebtwerdens*, denn offensichtlich geht es dem Partner in unserem Beispiel darum, dass er sich nicht verstanden oder geborgen fühlt. Das Gefühl der Geborgenheit/ Vertrautheit und das Erleben einer Reaktion auf die Schilderung von Gefühlen sind also Aspekte, welche die Empfindung, *geliebt* zu werden, determinieren.

Prüfung und Widerlegung: Die Aufgabe beider Partner ist es nun, dieses vermeintliche Wissen zu dekonstruieren, also zunächst zu *prüfen* und am Ende zu *widerlegen*. Dies geschieht, wie wir bereits gelernt haben, im Dialog. Vermeiden Sie Sätze wie „Das stimmt doch überhaupt nicht" oder „Du erzählst Unsinn", sondern beginnen Sie, Fragen zu stellen: „Gibt es denn keine Ausnahme? Erinnerst du dich nicht an das Gespräch, das wir letzte Woche geführt haben?" Der Partner beginnt daraufhin, intensiver nachzudenken, und erinnert sich verstärkt an Situationen aus der näheren Vergangenheit, in denen Intimität und Vertrautheit zu spüren waren. Eine andere mögliche Frage zum Hinterfragen des vermeintlichen Wissens wäre: „Hast du in letzter Zeit überhaupt versucht, ein Gespräch mit mir zu führen?" Manche Menschen neigen dazu, aufgrund der negativen Glaubenssätze, die sie als Wahrheit auffassen, keine Versuche mehr zu unternehmen, sich das Gegenteil zu beweisen. Eventuell führt allein das vermeintliche Wissen, dass der Partner kein Interesse an einem hat, zu einem Verhalten, das diese These automatisch bestätigt.

Erkenntnis des Nichtwissens / Aporie: Der in Gang gesetzte Denk- und Reflexionsprozess führt beim Partner dazu, dass er sein *Nicht-Wissen* erkennt. Sein vermeintliches Wissen, seine verfestigten Glaubenssätze sind am Ende kein wirkliches Wissen, sondern bloße Annahme. Weil er davon ausgegangen ist, dass er nicht geliebt wird, hat er sich emotional von vornherein verschlossen. Die Erkenntnis eines inhärenten Widerspruchs nennt man in der Philosophie auch *Aporie*. Eine Frage kann nicht zufriedenstellend gelöst werden, da der Gegenstand der Frage oder die Begriffe, die zu ihrer Definition gebraucht werden, widersprüchlich sind. Sokrates bezeichnete die Aporie als unlösbare Problemstellung, mit der er seine Gesprächspartner bewusst konfrontierte, um einen Stimulus zur Suche nach der wahren Erkenntnis zu liefern.

Erneute Aufnahme der Frage / Suche nach Wissen: Nachdem der Partner die Aporie erkannt hat, kann die Frage, dieses Mal unter einem anderen Vorzeichen, erneut diskutiert werden. Wenn das vermeintlich geäußerte Wissen sich als falsch oder irrig erwiesen hat, muss schließlich stattdessen neues Wissen generiert werden: „Was fangen wir nun mit dieser Erkenntnis an?" Beide Partner müssen sich nun selbst reflektieren. Der Partner, der sich nicht geliebt fühlte, kann nun reflektieren, wie das Gefühl, ehrlich geliebt und geschätzt zu werden, bei ihm zustande kommt und was der andere Partner tun kann, um es hervorzurufen. Außerdem kann etwa die Beziehung zu den Eltern oder die erste Liebesbeziehung zu Schulzeiten reflektiert werden. In welchen Momenten fühlte man sich ungeliebt? Wo ist man auf Ablehnung gestoßen? Und war dies tatsächliche Ablehnung, die als solche artikuliert wurde, oder handelte es sich damals schon um ein *Gefühl*? Eine Analyse der sozialen und emotionalen Beziehungen zu verschiedenen Zeitpunkten und mit verschiedenen Leuten im engeren Umfeld kann zu einem neuen Wissen führen, dass das alte, falsche Wissen ersetzt, und alte, negative Glaubenssätze können durch neue ergänzt oder ersetzt werden.

(Selbst-) Erkenntnis: Am Ende des Sokratischen Dialogs steht also eine *Erkenntnis*: Wann fühle ich mich geliebt und wie kann mein Partner mir dieses Gefühl vermitteln? Die Antwort darauf kann simpel sein, zum Beispiel, dass man sich nach tieferen, regelmäßigeren Gesprächen sehnt oder nach einer Umarmung, also einer körperlichen Resonanz. Die Antwort kann allerdings auch komplexer sein und tiefergreifende Beziehungsarbeit erforderlich machen. In jedem Fall haben beide Partner durch den Prozess der Selbstreflexion eine Selbsterkenntnis generiert, die ohne die Ausformulierung einer Frage, den Widerspruch oder das Hinterfragen des Dialogpartners und die daraufhin initiierte Reflexion nicht möglich gewesen wäre.

Wie hilft der Sokratische Dialog mir bei meiner Beziehung?

Konkret dient der Sokratische Dialog als Hilfestellung in der Beziehung, indem immer wieder aufkommende Fragen erörtert werden. Konträre Ansichten der Partner zu einem konkreten Sachverhalt, die in der Konsequenz zu einem Konflikt führen können, werden offensichtlich und können im selben Schritt diskutiert werden. Dadurch findet nicht nur eine Selbstreflexion bei beiden Partnern statt, sondern Probleme in der Beziehung können effektiv gelöst werden. Betrachten wir zum Abschluss dieses Exkurses ein weiteres Beispiel zur Verdeutlichung:

Sie: „Du kommst so selten abends pünktlich nach Hause, dabei sollte man in einer Beziehung viel Zeit miteinander verbringen."
Er: „Was bedeutet *selten* für dich und was *viel*?"
Sie: „Selten ist für mich an weniger als der Hälfte der Tage, viel wäre entsprechend mehr als die Hälfte. Vielleicht sogar noch ein wenig mehr. Eigentlich würde ich gerne fünf Tage in der Woche mit dir Zeit verbringen."

Die Frau argumentiert zunächst normativ mit *ihrem* Empfinden – nämlich, dass man in einer Beziehung viel Zeit miteinander verbringen sollte. Hier könnte bereits der erste Konflikt liegen, wenn der Mann zum Beispiel sagen würde, dass er diese Einschätzung nicht teilt und er Beziehungen gesünder findet, wenn die Partner sich nicht so häufig sehen. Doch dies tut er nicht, es herrscht also offenbar Klarheit über die grundsätzliche Frage. Er stellt daher eine wichtige Frage (Definition der Begriffe): „Was ist für dich selten und was viel?" Diese Frage ist essentiell, um den Konflikt und die Position der Partnerin zu verstehen. Viel bedeutet für sie viermal, eher fünfmal die Woche.

Er: „Das ist interessant. Bei mir ist es eher anders, ich finde ein- bis zweimal die Woche normal, alles, was darüber liegt, finde ich *viel*. Nicht zu viel, aber auch nicht auffällig wenig. Ich würde also sagen, dass wir viel Zeit miteinander verbringen."
Sie: „Wir haben also unterschiedliche Auffassungen. Würde es dich denn stören, wenn wir noch einen Tag mehr hätten? Oder wenn wir uns einen festen Tag in der Woche nehmen, zum Beispiel den Mittwoch, an dem wir dann abends immer etwas zusammen unternehmen?"
Er: „Das können wir gerne tun. Ich genieße es, meine Zeit relativ frei einteilen zu können, aber wenn wir uns einen festen Tag aussuchen, ist das doch eine gute Lösung. Ansonsten würde ich gerne etwas freier in meiner Wochengestaltung bleiben, so wie jetzt."

Die Erkenntnis, dass beide lediglich unterschiedliche Auffassungen haben, was viel und was wenig bedeutet, stellt sich bei beiden schnell ein. Beide können sich darauf verständigen, dass es wünschenswert wäre, wenn jeder auf seine Kosten kommt, sie in Form eines festen Tages zusammen, er, indem er die restlichen Tage freier planen kann. Wir haben es hier mit einem klassischen Kompromiss zu tun. Die Frage wurde zwar nicht explizit wieder aufgenommen, doch das Gespräch folgt in seinem Schema dem Sokratischen Dialog. Am Ende steht die Erkenntnis, dass der Konflikt am besten durch einen Kompromiss zu lösen ist, bei dem jeder der beiden auf seine Kosten kommt. Durch die Frage nach dem Was / Was bedeutet es? wurde ein grundsätzliches Missverständnis geklärt, welches die Beziehung belasten könnte.

Der Sokratische Dialog kann also zur langfristigen Stärkung der Beziehung durch die grundsätzliche Klärung von Positionen und das Vermeiden von Missverständnissen beitragen.

Schritt 7: Die Beziehung vertiefen und nachhaltig gestalten

„Probleme kann man niemals mit derselben Denkweise lösen, durch die sie entstanden sind."
(Albert Einstein)

Wir haben uns in den letzten Kapiteln intensiv mit der Heilung der Beziehung auseinandergesetzt, das heißt, wir haben sie unter den Vorzeichen einer akuten Problemstellung angesehen, entweder in Form eines Vertrauensbruchs oder weil die Partner in ihrer aktuellen Beziehung mit zu wenig Intimität und zu vielen Konflikten zu kämpfen hatten. Anhand zahlreicher Übungen und Ratschläge ist es uns hoffentlich gelungen, das Problem anzugehen und zu beseitigen, die Partnerschaft ist also wieder funktionstüchtig. Doch was nun? Um die Beziehung nachhaltig zu stärken, muss es das Ziel sein, sich nicht von Konflikt zu Konflikt zu hangeln und ständig nur mit der Problemlösung beschäftigt zu sein. Ab sofort darf Ihre Beziehung harmonischer und gesünder sein, als sie es zuvor gewesen ist. In diesem Kapitel geht es daher um die nachhaltige Stärkung und Vertiefung der Beziehung, zudem um den Aufbau langfristiger Perspektiven und Ziele.

Langfristige Perspektiven für Ihre Partnerschaft

Wenn Sie das Gefühl haben, den Richtigen oder die Richtige gefunden zu haben, sollten Sie die Beziehung festhalten und eine langfristige gemeinsame Perspektive entwickeln. Eine langfristige Beziehung bietet jedoch andere Herausforderungen als eine kurzfristige, schließlich gilt es, eine gemeinsame Zukunft zu planen und die Leidenschaft über all die Jahre aufrechtzuerhalten. Beginnen wir also mit dem Thema *Zukunftspläne*.

Zukunftspläne und gemeinsame Träume entwickeln

„Wie bringt man Gott zum Lachen? Indem man sich einen Plan macht." Diesen etwas sarkastisch gemeinten Spruch kennen Sie sicherlich und es stimmt natürlich: Egal, wie gut der Plan ist, den wir machen, es kann immer etwas Unvorhergesehenes dazwischenkommen. Nichtsdestotrotz ist es wichtig, einen Plan zu haben, denn ansonsten leben Sie höchstwahrscheinlich relativ ziellos in den Tag hinein. Wenn Sie alleine sind, reicht es aus, wenn Sie einen Plan für Ihr Leben entwerfen, in einer Partnerschaft hingegen sollten Sie auch gemeinsame Pläne und Ziele verfolgen, um die langfristige Perspektive der Beziehung hervorzuheben.

Übung:

In 10 Jahren möchte ich...

Eine klassische Übung, die Ihnen bei der Entwicklung gemeinsamer Perspektiven hilft, ist das Gedankenexperiment. Sie denken dabei an eine nahe Zukunft, der Zeitraum ist dabei flexibel wählbar, zwar werden meist 10 Jahre genommen, da diese Zeit noch überschaubar ist, aber dennoch weit genug in der Zukunft liegt, um von einer wirklich langfristigen Perspektive sprechen zu können, doch genauso gut können Sie 5 oder 15 Jahre als Bezugsgröße wählen.

Bei dieser Übung dürfen Sie frei assoziieren. Achten Sie im ersten Schritt nicht zwangsläufig darauf, wie realistisch die genannten Ziele oder Wünsche sind, wichtig ist nur, dass sie grundsätzlich möglich sind. Aussagen wie „... möchte ich auf dem Mars leben" oder „... möchte ich unsterblich sein" sind daher keine besonders guten Zielformulierungen. Bleiben Sie im Rahmen des Möglichen, aber seien Sie auf der anderen Seite auch kreativ und sprechen Sie aus, was Sie wirklich möchten. Am besten wechseln Sie und Ihr Partner sich dabei ab, erst formuliert der eine ein persönliches Ziel, dann der andere.

Erst nach dieser freien Assoziationsrunde beginnen Sie mit der Reflexion. Hierzu nehmen Sie im ersten Schritt die gemeinsamen Ziele heraus, also diejenigen, denen beide Partner zustimmen würden. Danach beschäftigen Sie sich mit den divergierenden Zielen. Warum ist es ihm wichtig, ein Haus zu bauen, ihr aber nicht? Am Ende dieser Runde sind Sie idealerweise zu Kompromissen gelangt. Die jetzt noch übrig gebliebenen Ziele und Perspektiven werden im nächsten Schritt anhand der W-Fragen konkretisiert, die wir im Verlauf dieses Ratgebers bereits kennengelernt haben.

Gemeinsam zu träumen und gemeinsam Pläne zu schmieden, hat etwas Romantisches und verbindet beide Partner geistig. Sich etwas zusammen auszumalen, ist eine positive Art und Weise, Resonanz zu erzeugen, teilen doch schon kleine Kinder oftmals ihre Ideen miteinander und spielen gemeinsam „Mutter-Vater-Kind" oder „Kaufladen" und tauchen somit in eine geteilte Fantasiewelt ein – denn alleine macht Träumen nicht so viel Spaß. Wenn Sie gemeinsam Pläne schmieden, entwickeln Sie also nicht nur eine konkrete Perspektive für die Zukunft, sondern verbringen auch schöne, intime (resonante) Momente miteinander.

Stabilität und Kontinuität

Häufig unterschätzt wird in modernen Beziehungen auch die Bedeutung von Stabilität und Kontinuität. In unserer heutigen Gesellschaft hat vieles von dem, was wir tun, einen Eventcharakter. Alles muss spannend, aufregend oder zumindest ganz besonders individuell sein. Sicherlich ist gegen eine erlebnisorientierte Beziehung nichts einzuwenden, manche Paare fahren gut damit, sich über Jahre hinweg von einem Abenteuer zum nächsten zu hangeln. Oftmals sind die abenteuerlustigen Partner aber keine besonders anhänglichen Bindungstypen, sie verspüren vielmehr den Drang nach Freiheit und Hedonismus. Genuss, Freude, Lust und Vergnügen stehen hier im Vordergrund.

Darunter kann die Stabilität der Beziehung auf Dauer leiden, denn Vertrauen wird eben auch durch Kontinuitäten geschaffen. Wenn Paare davon sprechen, ein „eingespieltes Team" zu sein, so bedeutet das auf der einen Seite, dass sie gut zusammenarbeiten können und in der Lage sind, Kompromisse einzugehen, es ist aber auch ein Zeichen von Kontinuität. Einspielen können Sie sich schließlich nur, wenn Sie häufig zusammen „trainieren", und zwar wieder und wieder dieselbe Situation. Stellen wir uns eine eingespielte Sportmannschaft vor – man erkennt ihr Eingespieltsein vor allem daran, dass die Standardsituationen, zum Beispiel im Spielaufbau, reibungslos funktionieren, weil genau diese Situationen immer wieder vorkommen.

Oder kurz gesagt: Ohne gemeinsame Routinen keine Kontinuität und ohne jegliche Kontinuität meist auch keine Stabilität. Unterschätzen Sie also nicht den Wert von Kontinuität und Stabilität in der Beziehung und tun Sie diese keinesfalls als altbacken oder langweilig ab. Nicht alles muss immer social-media-tauglich inszenierbar sein, in manchen Situationen reicht es auch aus, ein gutes und eingespieltes Paar zu sein.

Wie man die Partnerschaft über verschiedene Lebensphasen hinweg aufrechterhält

Lebensphasen ändern sich und das nicht nur im Übergang vom Teenager- zum Erwachsenenalter oder beim Übergang von der schulischen Ausbildung ins Berufsleben / Studium. Auch im fortgeschrittenen Erwachsenenalter kann es zu Veränderungen der Lebensphasen kommen, etwa durch einen Wechsel der Arbeitsstelle, Umzüge oder gemeinsame Kinder. Eine Beziehung ist über die Jahre hinweg gesehen also immer auch dynamisch. Daher besteht für beide Partner die Herausforderung, mit der Beziehung mitzuwachsen und sich an die veränderten Lebensumstände anzupassen, ohne das Fundament der Beziehung zu beschädigen.

Wichtig ist es, sich neue gemeinsame Ziele zu setzen, wenn sich die Lebensphase ändert und damit einhergehend auch ein vorheriges Ziel erreicht wurde. Nehmen wir an, Sie hatten das gemeinsame Ziel, ein Kind zu bekommen, also eine Familie zu gründen. Nun ist das Kind da und die Lebensphase hat sich verändert, sie birgt neue Herausforderungen, aber auch das Potenzial für neue Glücksmomente und eine Weiterentwicklung der Beziehung. Zudem heißt es nicht, dass die Beziehung mit dem Erreichen eines Ziels an ihrem Ende angekommen wäre. Wir haben bereits die Übung „In 10 Jahren möchte ich ..." kennengelernt. Diese Übung können Sie mit jeder neuen Phase, die Sie in Ihrem Leben betreten, wiederholen. Wenn Sie Ihre alten Ziele erreicht haben, definieren Sie neue, zum Beispiel eine gemeinsame Reise, sobald Ihr Kind das Alter von 10 Jahren erreicht hat. Wiederum Jahre später schmieden Sie Pläne für die Zeit im Ruhestand usw.

Eine glückliche und harmonische Partnerschaft über viele Jahre und verschiedene Lebensphasen hinweg aufrechtzuerhalten, ist die Königsdisziplin der Beziehungsarbeit. Doch Sie können es schaffen, viele Paare vor Ihnen haben schon bewiesen, dass eine Beziehung gemeinsam wachsen und sich weiterentwickeln kann. Folgende Übung hilft Ihnen dabei, Ihre Beziehung über unterschiedliche Phasen hinweg aufrechtzuerhalten.

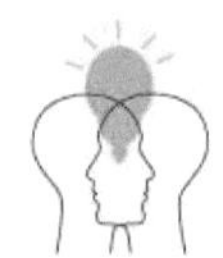

Übung:

Der leidenschaftliche Blick

Nehmen Sie sich täglich mindestens einmal 15 Sekunden lang Zeit, um sich nur in die Augen zu schauen, ohne dabei etwas zu sagen. Lassen Sie die Augen dabei geöffnet und gehen Sie mit einer positiven, liebevollen Stimmung an die Übung heran. In den Augen Ihres Partners erkennen Sie den vertrauten Gesichtsausdruck, die Offenheit, Wärme oder welche positiven Eigenschaften Sie auch immer an ihm schätzen. Das Besondere an dieser Übung ist, dass sich der Blick, die Augen, in aller Regel nicht verändern. Sie bleiben immer gleich, unabhängig davon, in welcher Lebensphase Sie sich befinden. Daher zeigt Ihnen diese Übung auf die perfekte Art und Weise, dass die Leidenschaft trotz aller äußeren Umstände bestehen bleiben kann.

Weiterentwicklung als Paar

Eng mit diesem Aspekt verknüpft ist auch das persönliche Wachstum beider Partner in einer Beziehung. Mit dem Eintritt in eine neue Lebensphase ändern wir uns eben auch als Persönlichkeit, im Idealfall kommen wir dabei voran, das heißt, wir wachsen in unserer Persönlichkeit und entwickeln uns weiter. Sicherlich können Sie anhand Ihrer eigenen Biografie derartige Wendepunkte in Ihrem Leben ausmachen – erinnern Sie sich an die Zeit, als Sie die Schule beendet haben und erstmals richtig ins Berufsleben einstiegen. Für Sie hat sich vermutlich eine Art neue Welt eröffnet, die Sie noch nicht kannten, plötzlich fühlten Sie sich erwachsen und konnten bei den Erwachsenen mitreden. Nach dem Ende der Ausbildung ergibt sich wieder eine neue Phase und Sie ziehen dann mit Ihrem Partner zusammen, leben erstmals außerhalb des eigenen Elternhauses und sind wieder ein Stück weiter.

Eine gesunde Beziehung verhilft beiden Partnern zu persönlichem Wachstum. Dabei können insbesondere Herausforderungen, die während einer Beziehung auf beide Partner zukommen, entscheidende Förderer des Wachstums sein. Konflikte müssen durchlebt und Kompromisse geschlossen werden, um letzten Endes als Paar gestärkt daraus hervorzugehen. Eine Entwicklung kann also gemeinsam, also im Gleichschritt erfolgen, oftmals tritt aber auch die Konstellation auf, dass sich jeder Partner in einem unterschiedlichen Tempo entwickelt. Insbesondere bei Paaren, die im jungen Alter zusammengekommen sind, kann die Entwicklung der Persönlichkeit in unterschiedlicher Geschwindigkeit erfolgen. Bisweilen scheitern Beziehungen daran, doch das muss nicht sein. Wieder einmal ist Kommunikation der Schlüssel zum Erfolg! Wenn Sie das Gefühl haben, dass Sie und Ihr Partner sich gerade auf einer unterschiedlichen Entwicklungsstufe befinden, sprechen Sie mit ihm offen und ehrlich:

- „Ich habe den Eindruck, dass unsere Interessen sich in letzter Zeit stark unterscheiden."
- „Wenn wir kommunizieren, bin ich mir nicht immer sicher, ob du mich verstehst oder ob ich dich richtig verstehe."
- „Aktuell habe ich den Eindruck, dass sich unsere Ziele und Interessen stark voneinander unterscheiden."

Somit besteht die Chance für einen Dialog. Vielleicht empfindet Ihr Partner das anders, vielleicht denkt er aber genauso. Während er sich zum Beispiel noch ausleben möchte und daher keine Feier, kein Abenteuer auslässt, ist sie bereits mit der langfristigen Zukunfts- und Familienplanung beschäftigt. Doch auch hier gilt es, Empathie und Interesse am anderen als Person zu demonstrieren. Phasenweise kann es sein, dass sich nicht alle Interessen überschneiden, die persönliche Entwicklung beider Partner also auf einer unterschiedlichen Stufe ist.

Und das ist in Ordnung, solange sich beide dennoch aufeinander einlassen und zu Kompromissen bereit sind. Denken Sie immer daran: Es ist noch immer derselbe Mensch, in den Sie sich verliebt haben und den Sie immer noch lieben. Teilen Sie die nun etwas anders gelagerten Welten miteinander und begegnen Sie sich nicht entnervt oder mit Unverständnis. Bleiben Sie bei Ihrer Kommunikation stets im positiven Grundmuster „Ich bin okay – Du bist okay".

Unterstützung und Motivation für die persönliche Entwicklung des Partners

Behindern Sie sich nicht gegenseitig in Ihrer Entwicklung, sondern versuchen Sie vielmehr, zusammen zu wachsen. Gönnen Sie dabei Ihrem Partner sämtliche Erfolge, die er zu verzeichnen hat. Wenn einer von Ihnen scheinbar „weiter" ist als der andere, muss dies keineswegs zum Bruch oder zu einem Ungleichgewicht in der Beziehung führen. Beide Partner haben schließlich nach wie vor ihre Qualitäten. Wenn einer von Ihnen beiden etwa beruflich bereits weiter ist (feste Anstellung, während der andere noch studiert), muss dennoch kein Machtgefälle herrschen. Schließlich ist einer von beiden nun angekommen im Berufsleben, folgt damit aber auch bestimmten Sachzwängen und zeitlichen Limitationen, während der andere noch immer ungebunden und frei in seinem Denken und Handeln ist.

Unterschiedliche Lebensphasen führen zu unterschiedlichen Perspektiven, die sich aber auch gegenseitig befruchten können. Anderenfalls könnten schließlich auch Beziehungen mit einem hohen Altersunterschied der beiden Partner nicht funktionieren, gerade diese können aber auch oft spannend und bereichernd für beide sein. Wachsen Sie also immer zusammen und ziehen Sie nicht alles in Zweifel, nur weil der eine oder andere Schritt des persönlichen Wachstums asynchron verläuft. Am Ende ticken Sie als Paar doch ähnlich und am besten zusammen.

Den Alltag bewusst gestalten

Das Gefährliche am Alltag ist, dass man irgendwann nicht mehr aktiv über ihn nachdenkt. Man nimmt alles, was im Alltag passiert, als gegeben hin und stoppt daher den Prozess der Reflexion. Dabei können schöne oder besonders gute Momente leicht in Vergessenheit geraten. Um diese schönen Momente bewusster wahrzunehmen, sollten Sie auch den Alltag bewusst gestalten. Hierzu gibt es erneut praxisnahe und leicht umsetzbare

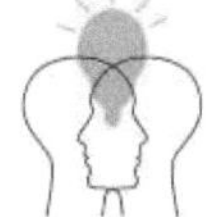

Übungen:

Den Alltag gestalten

1. Zeitmanagement: Wie der Volksmund weiß, ist Zeit bisweilen Geld, doch sie ist noch so viel mehr. Zeit kann man sich nämlich nicht kaufen und man kann sie vor allem nicht langfristig anlegen. Wenn Sie jeden Monat 100 Euro zur Seite legen, können Sie von dem gesparten Geld irgendwann eine teure Reise, ein Schmuckstück oder andere Dinge finanzieren. Bedauerlicherweise ist es unmöglich, Zeit anzusparen und später zu verbrauchen. Nur weil Sie an einem Tag nichts erleben, heißt das nicht, dass Sie dafür am nächsten Tag mit der gesparten Zeit mehr erleben können. Zeit ist also begrenzt, das heißt, wir können sie nicht anlegen, aber dafür sehr wohl einteilen und für den Moment effizienter gestalten. Zeit sparen bedeutet nämlich nicht, sie zur Seite zu legen, sondern sie besser zu nutzen. Wenn Sie im Alltag Zeit verschwenden, bleibt Ihnen nachher weniger Zeit für die Dinge, die Sie wirklich tun wollen. Angenommen, Sie benötigen eine halbe Stunde, um mit dem Zug zur Arbeit zu gelangen. Natürlich können Sie diese halbe Stunde zur Entspannung nutzen oder sich Social-Media-Posts anschauen, doch wenn Sie dafür eine halbe Stunde länger im Büro sitzen müssen, um Ihre Arbeit zu erledigen, könnten Sie auch direkt während der Zugfahrt ein wenig arbeiten und die Zeit sinnvoll nutzen. Sie haben per se nicht mehr Zeit, aber Sie können eine halbe Stunde früher Feierabend machen, die Sie mit Ihrem Partner verbringen können. Oder aber Sie bearbeiten Ihre privaten E-Mails, führen das wichtige Telefonat mit den Behörden oder lesen einfach ein gutes Buch, das Sie in Ihrer Persönlichkeit weiterbringt. Nutzen Sie die Zeit sinnvoll und ermöglichen Sie Ihnen und Ihrem Partner somit, mehr gemeinsame, schöne Zeit miteinander zu verbringen.

2. Feste Rituale: Etablieren Sie innerhalb der Partnerschaft feste Rituale. Und damit ist keine ohnehin alltägliche Handlung gemeint, wie etwa zusammen aufzustehen oder ins Bett zu gehen, sondern etwas Schönes, Besonderes, worauf Sie sich beide den gesamten Tag über freuen können. Unternehmen Sie jeden Abend zu einer festen Uhrzeit etwas, sei es das gemeinsame Schauen einer Serie, das Lösen von Rätseln, eine gegenseitige Fußmassage oder ein kurzes Zwiegespräch. Natürlich können auch ausgefallenere oder aufregendere Rituale etabliert werden, achten Sie aber darauf, dass diese sich auch tatsächlich in den Alltag integrieren lassen, ansonsten werden sie nicht zu Ritualen, sondern zu wiederkehrenden Ereignissen, sie erhalten Event-Charakter. Bei dieser Übung soll es aber gerade nicht um Events gehen, sondern um die Perpetuierung des Rituals im Alltag, denn die wenigsten Beziehungen scheitern daran, dass sie zu wenige große Events bereithalten, sondern eher an dem Verlust von Intimität und Leidenschaft im Alltag. Überlegen Sie also gemeinsam, welches Ritual Sie etablieren wollen, und achten Sie darauf, dass Sie beide Freude daran haben.

3. Gemeinsame Erlebnisse bereichern: Jeder Partner braucht Zeit für sich, das ist unbestritten. Und jeder sollte sich diese Zeit auch bei Bedarf nehmen, es gibt keinen Zwang zur Zweisamkeit und erfahrungsgemäß sind nicht die Beziehungen am langlebigsten, bei denen beide Partner ständig aufeinanderhängen. Wichtig ist aber, dass Sie nicht nebeneinanderher leben, denn so geht der Beziehungscharakter schnell verloren. Gemeinsame Erlebnisse und Erinnerungen sind das Wertvollste, was Sie einander bieten können. Planen Sie daher gemeinsame Erlebnisse, gehen Sie gemeinsam aus, machen Sie eine Radtour, eine Wanderung, einen Tandemsprung oder eine Weltreise zusammen – der Fantasie sind hier keine Grenzen gesetzt, die einzigen Grenzen sind die des Machbaren (Zeit und finanzielle Mittel müssen ausreichend vorhanden sein). Doch gemeinsame Erinnerungen müssen nicht zwangsläufig kostspielig sein. Solange Sie Ihnen beiden gefallen und einen besonderen Platz in Ihrem Herzen einnehmen, kann Ihnen niemand die Erinnerung streitig machen. Achten Sie daher darauf, einerseits kleine Rituale im Alltag zu etablieren und andererseits gemeinsame Erlebnisse abseits des Alltags zu schaffen, an die Sie sich jederzeit erinnern und die Ihnen über etwas ereignisärmere Phasen der Beziehung hinweghelfen.

Gestalten Sie Ihren Alltag bewusster und Sie werden sehen, dass es Ihrer Beziehung guttut.

Nachhaltige Liebe und Verbundenheit aufrechterhalten

Liebe und Verbundenheit sind große Worte, ähnlich wie Leidenschaft und Intimität. Doch sie beschreiben genau das, was eine gute und gesunde Beziehung ausmacht: nachhaltige positive Gefühle füreinander. Sie kennen sicherlich Paare, die zwar schon viele Jahre zusammen sind, aber dennoch so wirken, als seien sie noch immer so verliebt ineinander wie am ersten Tag. Dieser Gemütszustand sollte auch Ihr Ziel sein, noch immer Liebe und Leidenschaft für den anderen zu empfinden, ohne darüber nachdenken zu müssen.

Gemeinsame Momente und Erinnerungen teilen

Wir haben in vorherigen Kapiteln bereits an der einen oder anderen Stelle darüber gesprochen, dass gemeinsame Erlebnisse eine tiefe emotionale Verbindung schaffen. Erleben Sie diese Momente daher bewusst. Wenn Sie zusammen auf Reisen gehen, zusammen essen gehen oder einen wie auch immer gearteten schönen Moment miteinander teilen, genießen Sie ihn bewusst. Je intensiver Sie den Augenblick wahrnehmen und leben, desto deutlicher bleibt er uns in Erinnerung und desto stärker verbinden wir ihn mit der Person, mit der wir ihn erlebt haben. Teilen Sie daher so viele Momente wie möglich und halten Sie diese fest, sei es in Form von Bildern, Notizen oder, wenn Sie dies bevorzugen, gerne auch in Form eines gemeinsamen Tagebuchs, in dem Sie Ihre Gedanken teilen, oder auch nur in Ihrem Gedächtnis.

Hier sind wir bereits beim nächsten entscheidenden Punkt angelangt: Momente festzuhalten, ist unter Umständen nicht so einfach, wie es scheint. Erinnerungen können verfälscht sein, sie bilden nicht die Wirklichkeit ab, sondern unser subjektives Empfinden. Nehmen wir etwa die Befragung von Unfallzeugen durch die Polizei: Im Nu wird aus einem silbernen ein schwarzes Auto und ein Zeuge beharrt darauf, einen Mercedes gesehen zu haben, obwohl es sich bei den Unfallwagen um einen VW und einen Toyota handelt. Erinnerungen dokumentarisch festzuhalten, ist also grundsätzlich eine gute Idee. Mit unseren heutigen technischen Mitteln (Handykamera) können wir innerhalb weniger Sekunden brauchbare bis sehr gute Fotos schießen. Man kann sich diese Bilder immer wieder gemeinsam auf dem Handy anschauen oder man druckt sie aus und gestaltet ein Fotobuch dieses besonderen Moments.

Doch an dieser Stelle beginnt bereits die Warnung: Zerstören Sie nicht den schönen Moment, in dem Sie sich gerade befinden, durch ständiges Fotografieren oder durch die Absicht, alles so schön wie möglich inszenieren zu wollen. Der Moment ist meist dann am intensivsten, wenn er unverstellt ist und einfach so passiert. Fotos zu schießen, bedeutet in diesem Fall, Momente einzufangen, sie für spätere Zeiten zugänglich zu machen, nicht aber, sie in Szene zu setzen wie bei einem Film mit Drehbuch. Die besten Erinnerungen, seien es Fotos oder auch kurze Videos, sind die, die eine Stimmung einfangen. Sie müssen nicht den gesamten Abend aufgrund von Bildern und Videos rekonstruieren können – es reicht, wenn Sie sich durch das Betrachten der Bilder wieder in die damalige Stimmung hineinversetzt fühlen.

Konfliktfähig bleiben

Kommen wir noch einmal von den überaus schönen und erfreulichen zu den etwas komplizierteren Momenten. Auch wenn Sie noch so schöne gemeinsame Erinnerungen festgehalten haben und viele schöne Momente miteinander teilen, wird es immer wieder einmal zu Konflikten kommen. Diese auszuhalten, kann bisweilen kompliziert sein, aber die Konfliktfähigkeit aufrechtzuerhalten, ist ein wichtiger Baustein dafür, dass Ihre Beziehung intakt bleibt. Konfliktfähigkeit kann man üben, auch in völlig alltäglichen Situationen.

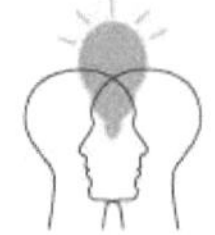

Übung:

Konfliktfähig bleiben – das Streitgespräch

Nehmen Sie sich ein Thema, von dem Sie beide etwas verstehen, und nehmen Sie bewusst konträre Positionen ein – wichtig: Es müssen nicht Ihre eigenen sein. Nehmen wir beispielsweise ein politisches Thema: Ein Partner nimmt die Position ein, dass der Klimaschutz das aktuell wichtigste Thema unserer Zeit ist, die Politik würde zu wenig unternehmen und jede Form des zivilen Ungehorsams sei berechtigt. Der andere Partner argumentiert, dass viele Prognosen zum Klimawandel extreme Szenarien abbildeten, weshalb Verbote seitens der Politik nicht zu rechtfertigen seien. Die Demonstrationen und Protestaktionen störten den öffentlichen Frieden und sollten daher untersagt werden. Das Thema darf bewusst kontrovers sein, umso besser lässt es sich „streiten".

Setzen Sie sich gegenüber und tauschen Sie Argumente aus. Werden Sie dabei bewusst hin und wieder polemisch oder überspitzen Sie Ihre Aussagen, um den anderen ein wenig zu provozieren. Zwischendurch im Gespräch tauschen Sie die Rollen, nun argumentiert Partner A für die eine und Partner B für die andere Seite als zuvor. Dadurch wird deutlich, dass es nicht per se um das inhaltliche Thema geht, sondern um die grundsätzliche Fähigkeit, miteinander zu diskutieren und zu streiten und sich dennoch zu lieben. Sollten Ihnen politische oder gesellschaftliche Themen zu anstrengend sein, können Sie natürlich auch andere Themen wählen, es kann auch nach Bedarf einmal lustig sein, streiten Sie sich zum Beispiel darüber, ob der Himmel grün oder blau ist oder ob es den Weihnachtsmann wirklich gibt oder nicht. Hauptsache, Sie trainieren spielerisch, wie Sie miteinander in Konflikt treten und sich dennoch am Ende versöhnlich umarmen.

Das Feiern von Meilensteinen und Erfolgen

Erfolge und Meilensteine in Ihrer Beziehung sollten stets gebührend gefeiert werden. Als Erfolg lässt sich das Erreichen von Zielen werten. Stellen Sie sich vor, Sie haben sich als Ziel gesetzt, in eine gemeinsame Wohnung zu ziehen, beide einen Job zu finden und dann die Familienplanung voranzutreiben. Nun ist dieses Stadium erreicht, Sie haben eine Wohnung, Arbeit und die finanziellen Kapazitäten, um eine Familie zu gründen. Feiern Sie diesen Erfolg zusammen! Gehen Sie schick essen, fahren Sie übers Wochenende auf einen Kurztrip oder laden Sie Ihre besten Freunde ein, um zusammen anzustoßen. So wird Ihnen deutlicher und bewusster, dass Sie es geschafft haben, Sie haben ein gemeinsames Ziel erreicht, und zwar deshalb, weil Sie beide daran gearbeitet haben. Sie beide haben Ihren Anteil am Erreichen des Ziels.

Ähnlich verhält es sich mit Meilensteinen, wie zum Beispiel Jubiläen oder Jahrestagen. 10, 15 oder 20 Jahre zusammen zu sein, ist ebenfalls ein Erfolg! Wenn Sie sich nicht mehr lieben würden, sich nicht mehr anziehend oder interessant fänden, hätten Sie sich bereits getrennt, doch Ihre Beziehung lebt, die Leidenschaft und die Intimität sind noch da. Auch dies ist ein Grund zum Feiern. Unternehmen Sie etwas gemeinsam, was Ihnen Spaß macht, worauf Sie beide schon immer einmal Lust hatten.

Mit Feiern ist nicht zwangsläufig eine große Party gemeint, nicht jeder Mensch feiert gerne ausgelassen und exzessiv. Auch ein schöner Abend im Restaurant mit einem Glas Wein oder ein Cocktail in einer Bar kann eine Feier sein. Es geht hier vielmehr darum, sich der positiven Meilensteine und Erfolge bewusst zu werden und diese in einem angemessenen Rahmen zu würdigen. „Schatz, wir haben heute 10-jähriges Jubiläum", „Oh ja, stimmt, nicht schlecht, Glückwunsch", „Dir auch" ist kein angemessener Rahmen für ein solches Jubiläum, denn so verkommt die Beziehung zur Selbstverständlichkeit, was sie allerdings nicht ist. Nehmen Sie sich daher die Freiheit, Ihre persönlichen Beziehungserfolge ausgelassen oder gediegen, aber jedenfalls in einem feierlichen Kontext, zu begehen und machen Sie sich somit bewusst, wie schön Ihre Beziehung eigentlich ist.

Bonus: Workbook und Impulsfragen

**„Du und ich – wir sind eins.
Ich kann dir nicht wehtun, ohne mich zu verletzen."**
(Mahatma Gandhi)

In diesem zusätzlichen Kapitel werden wir noch einmal auf die acht wichtigsten Punkte aus dem vorherigen Text eingehen und zu jedem dieser Aspekte einige kurze, alltagstaugliche Übungen betrachten, die Sie einbauen können, um Ihre Beziehung zu stärken. Auch die entsprechenden Impulsfragen (ganz im Sinne des Sokratischen Dialogs) werden hier noch einmal erörtert.

Stärkung der Partnerschaftsgrundlage

Impulsfragen:

- Welcher Bindungstyp bin ich? / Welcher Bindungstyp ist mein Partner?
- Welche Beziehungskonstellation ergibt sich daraus?
- Warum sind wir ein Paar? Was sind unsere Gemeinsamkeiten und Unterschiede? Was zieht uns am jeweils anderen an?
- Was ist das Fundament, auf dem unsere Beziehung steht?

Gehen Sie die Fragen gemeinsam durch und identifizieren Sie so die Gründe, warum Sie ein Paar sind und in welcher Beziehungskonstellation Sie sich begegnen. Haben Sie erst einmal die Partnerschaftsgrundlage herausgearbeitet, gilt es im nächsten Schritt, diese zu stärken. Wir verdichten und verstärken das Fundament, auf dem Ihre Beziehung aufgebaut ist.

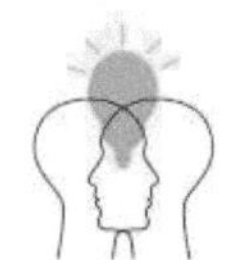

Übung:
Liebesbeweise

In einer guten und gesunden Partnerschaft beweist man sich hin und wieder gegenseitig seine Liebe und Zuneigung. Solche Liebesbeweise können die Partnerschaft enorm stärken und zeigen beiden Partnern, wie wichtig sie füreinander sind. Liebesbeweise können dabei in sehr unterschiedlichen Formen erbracht werden – vom klassischen Blumenstrauß über den Liebesbrief oder ein Ständchen bis hin zur Erledigung von Aufgaben im Haushalt, die der andere partout nicht ausstehen kann, ist vieles denkbar. Notieren Sie daher die Liebesbeweise, die Ihr Partner für Sie bereits erbracht hat, die er aktuell erbringt und welche Sie sich in Zukunft von ihm wünschen würden:

1. Was hat mein Partner in der Vergangenheit getan, damit ich mich geliebt und umsorgt gefühlt habe?
2. Was tut er aktuell bzw. hat er in der unmittelbaren Vergangenheit (in den letzten drei Tagen) für mich in dieser Hinsicht getan?
3. Was wünsche ich mir von meinem Partner in der Zukunft diesbezüglich?
4. Was kann ich für meinen Partner tun, damit er sich umsorgt und geliebt fühlt? Wie kann ich selbst einen Liebesbeweis erbringen?

Beide Partner notieren sich getrennt voneinander diese vier Punkte. Sie sind sich nun im Klaren darüber, wie Sie Liebesbeweise erhalten und wie Sie selbst welche geben können. Führen Sie das Notizbuch im Alltag fort und halten Sie so die alltäglichen Liebesbeweise fest, die unter Umständen sonst verloren gehen. Sollten Sie das Gefühl haben, von Ihrem Partner keine Liebesbeweise mehr zu erhalten, können Sie anhand der Notizen besser darüber sprechen. A: „Ich habe das Gefühl, keine Liebesbeweise mehr von dir zu erhalten." / B: „Was würdest du dir wünschen? Was kann ich tun, um dir meine Liebe zu beweisen?"

Verbesserung des Zuhörens und der Empathie

Impulsfragen:

- Wie höre ich meinem Partner am besten zu, um möglichst viel über ihn und seine Gefühlswelt zu erfahren?
- Was denkt der andere, was fühlt der andere?
- Wie kann ich anhand von Aussagen oder körpersprachlichen Signalen herausfinden, wie mein Partner fühlt?
- Wie lerne ich, mich möglichst gut in ihn hineinzuversetzen?

Dieses Kapitel lebt, noch mehr als die anderen, von der konkreten Situation, in der die Fragen gestellt werden, und von den konkreten Personen, die sie betreffen. Denn jeder Mensch denkt, fühlt und kommuniziert anders, weshalb es schwierig, beinahe unmöglich ist, Empathie zu standardisieren. Wir können allerdings die Grundfähigkeit zum Einfühlungsvermögen erlernen und somit besser darin werden, uns auf unser jeweiliges Gegenüber auf einer individuellen Ebene einzulassen. Gerade in der Partnerschaft ist dabei das Zuhören unerlässlich. Hören Sie einander gut und vor allem aktiv zu, das heißt, stellen Sie aktiv Nachfragen, sobald Ihnen etwas unklar ist. Achten Sie auf Gefühlsregungen beim Partner und versuchen Sie, sich in seine Lage hineinzuversetzen: Wie würde ich mich in der Situation fühlen, die er gerade beschreibt? Auch hier sei zusätzlich eine weitere alltagsnahe Übung genannt:

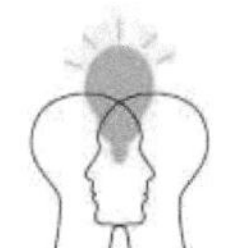

Übung:
Die kindliche Frageperspektive

Haben Sie eigene Kinder? Oder vielleicht Neffen, Nichten, Nachbarskinder? Wenn ja, ist Ihnen sicherlich schon aufgefallen, dass fast alle Kinder es lieben, Fragen zu stellen – und zwar aus dem einfachen Grund, dass sie noch nicht so viel über die Welt wissen. Viele Dinge sind neu für sie und bevor man sie nicht versteht, fragt man lieber einen Erwachsenen, der kann das doch sicher erklären. Ferner haben Kinder oft das Bedürfnis, den Dingen auf den Grund zu gehen. Nehmen wir an, ein Kind sieht in einem Kinderbuch die Zeichnung eines Löwen und fragt, „Kann ich hier auch einem Löwen begegnen?“, und der Vater antwortet mit: „Nein, Löwen leben nicht in Europa.“ Sie können sich fast sicher sein, dass das Kind mit „Warum?“ zurückfragen wird. Wieder antwortet der Vater: „Weil Löwen sich hier nicht wohlfühlen.“ Wahrscheinlich kommt wieder die Nachfrage „Warum?“, bis das Kind der Meinung ist, verstanden zu haben, warum ihm auf dem Weg zur Grundschule kein Löwe über den Weg laufen kann.

Genau diese kindliche Frageperspektive ist es, die uns einerseits lehrt, aktiv zuzuhören, und andererseits Empathie hervorruft. Die Frage nach dem „Warum“, also nach den Gründen und Hintergründen für eine Emotion oder für eine Stimmung, ist essentiell, um den anderen zu verstehen: „Ich fühle mich heute nicht gut.“ „Warum?“ „Ich habe schlecht geschlafen.“, „Warum?“, „Ich mache mir zu viele Gedanken vor dem Einschlafen.“ „Worüber machst du dir Gedanken?“ Fragen Sie immer nach, bis Sie verstanden haben, was Ihren Partner belastet. Verstehen Sie dessen Gefühle und seine Art, wie er auf bestimmte Situationen reagiert – etwa mit Stress, Verzweiflung, Enttäuschung, aber auch Freude, Entspannung oder Zufriedenheit. Nur so können Sie verstehen, was Sie tun können, um ihm zu helfen, in eine positive Stimmung hineinzukommen – und das sollte schließlich das Ziel einer gesunden Partnerschaft sein.

UMSETZUNG POSITIVER KOMMUNIKATIONSMUSTER

Impulsfragen:

- Wie wollen wir miteinander kommunizieren? Worauf achten wir dabei?
- Welche Kommunikationsmuster sorgen bei mir für eine Abwehrhaltung / führen bei mir zu negativen Reaktionen?
- Welche Kommunikationsmuster rufen diese bei meinem Partner hervor?
- Auf welche kommunikativen Grundregeln können wir uns einigen, um konfliktfrei mit gegenseitigem Respekt miteinander zu kommunizieren?

In beinahe jedem Kapitel des Ratgebers haben wir betont, wie wichtig Kommunikation für das Gelingen einer Partnerschaft ist. Und das zurecht, denn beinahe alle Beziehungskonflikte entstehen aus einer schlechten Kommunikation. Seien Sie offen und ehrlich miteinander und sprechen Sie an, was Sie sich von Ihrem Partner wünschen, verbalisieren Sie diese Wünsche und belassen Sie es nicht bei Andeutungen, um Missverständnissen vorzubeugen. Kommunizieren Sie auf Augenhöhe miteinander und begegnen Sie sich als gleichberechtigte Personen mit einer positiven und offenen Grundhaltung dem anderen gegenüber.

Formulieren Sie Ich-Botschaften anstelle von Vorwürfen, damit Ihr Gegenüber weiß, wie Sie sich fühlen und was er tun kann, damit es Ihnen besser geht. Seien Sie offen für die vier Seiten einer Nachricht, sowohl für die inhaltliche als auch für die Beziehungs- und Appellebene. Fragen Sie nach, wenn Sie etwas nicht verstehen, auch das beugt Missverständnissen vor und erleichtert so die Kommunikation. Beide Partner sollten einander aktiv zuhören und mit Interesse und einem offenen Ohr in ein Gespräch mit dem Partner hineingehen. Um Ihre alltägliche Kommunikation zu stärken, empfiehlt sich folgende Übung:

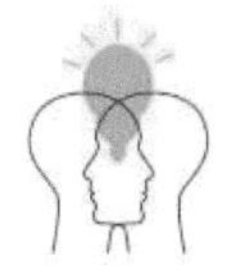

Übung:
Gewaltfrei kommunizieren

Um auf Augenhöhe und ohne Verletzung von Gefühlen miteinander zu sprechen, sollten Sie jederzeit *gewaltfrei* miteinander kommunizieren. Dabei dürfen Sie sich Gewalt in diesem Kontext nicht als körperliche Gewalt vorstellen. Dass Sie während eines Gesprächs nicht handgreiflich werden sollten, versteht sich natürlich von selbst. Gewaltfrei bedeutet in diesem Fall, dass auch in den Worten, Gesten oder Emotionsausdrücken der Partner während des Gesprächs keine Aggressionen, Vorwürfe oder (verbalen) Angriffe enthalten sein sollten. Gewaltfreie Kommunikation fußt dabei auf vier Grundsätzen: Beobachtungen, Gefühle, Bedürfnisse, Bitten.

Beobachtungen: Beobachten Sie Ihren Partner und hören Sie auf das, was er sagt. Versuchen Sie dabei, auch kleine Gefühlsregungen oder körpersprachliche Signale wahrzunehmen. Seien Sie dabei wachsam und sprechen Sie, wenn Sie ein bestimmtes Verhalten, eine Gestik oder eine Mimik beobachtet haben, direkt an, welche Schlussfolgerungen Sie daraus ziehen: „Ich sehe, du schaust ein wenig traurig. Ist etwas nicht in Ordnung?" Beobachtung ist auch ein enorm wichtiger Baustein zum Aufbau von Empathie innerhalb der Beziehung.

Gefühle: Sprechen Sie klar und deutlich aus, was Sie fühlen und warum Sie so fühlen. „Ich fühle mich verletzt, weil ..." Versuchen Sie nach Möglichkeit, immer eine Begründung mitzugeben, damit der andere nicht nur weiß, wie Sie sich fühlen, sondern auch eine Vorstellung davon bekommt, wie er sein Verhalten gegebenenfalls anpassen kann, um das negative Gefühl beim Partner nicht mehr aufkommen zu lassen.

Bedürfnisse: Was wünschen Sie sich von Ihrem Partner? Welche Bedürfnisse stecken dahinter? Wenn Sie sich verletzt fühlen, weil Sie zu wenig Aufmerksamkeit von Ihrem Partner erhalten, er sich also in Ihren Augen zu wenig um Sie kümmert, steckt dahinter das Bedürfnis nach Nähe und Geborgenheit. Formulieren Sie bestenfalls ein Bedürfnis aus.

Bitten: Aus dieser Formulierung des Bedürfnisses folgt wiederum die Bitte: „Ich würde dich bitten, dass du mehr Zeit mit mir verbringst, denn sonst fühle ich mich einsam und nicht wertgeschätzt." Geben Sie Ihrem Partner etwas Konkretes an die Hand, das er verbessern kann, um Sie in der Beziehung glücklicher zu machen.

Sie werden sehen, dass die gewaltfreie Kommunikation Ihnen in der Partnerschaft enorm weiterhilft, um konfliktfrei und lösungsorientiert miteinander zu sprechen.

Vertrauensaufbau und -pflege

Impulsfragen:

- Vertraue ich meinem Partner grundsätzlich und wenn ja, warum / und wenn nein, warum nicht?
- Hat es in der Vergangenheit einen Vertrauensbruch gegeben und wenn ja, wie sind wir damit umgegangen?
- Welche Gesten, Aktionen, Maßnahmen meines Partners helfen mir, Vertrauen zu gewinnen?
- Was kann ich tun, damit mein Partner (mehr) Vertrauen in mich gewinnt?

Vertrauen ist die Basis, auf der die Beziehung solide und fest steht. Auch wenn ein Sturm das Haus erschüttert, wird das Haus nicht zusammenbrechen, wenn das Fundament solide genug ist. Das bedeutet, dass Sie mit einer soliden Vertrauensgrundlage viele Konflikte oder Krisen in der Beziehung überstehen können, ohne die Beziehung als solche insgesamt in Zweifel zu ziehen. Dabei sollte in einer Beziehung ein Grundvertrauen vorhanden sein, schließlich lieben Sie Ihren Partner, das heißt, Sie vertrauen ihm grundsätzlich, denn Sie teilen sehr intime Momente mit ihm, die Sie sonst wahrscheinlich mit niemandem teilen. Selbst wenn das Grundvertrauen vorhanden ist, empfiehlt es sich jedoch, in einer Partnerschaft das Vertrauen durch aktive Gesten oder Worte zu stärken: „Du kannst mir alles erzählen, was dich bedrückt, ich werde es niemandem weitererzählen, du kannst mir vertrauen."

Zu einer Beziehungskrise kann es dann kommen, wenn Vertrauen missbraucht wird, also ein Partner das Gefühl hat, dem anderen nicht mehr vertrauen zu können. In diesem Fall muss das Vertrauen auf alle Fälle repariert werden, denn auf Dauer kann kein Haus solide stehen, wenn das Fundament bröckelt. Hier sind aktive Beweise der Vertrauenswürdigkeit vonnöten, zudem bedarf es eines hohen Maßes an offener und ehrlicher Kommunikation. Gehen wir jedoch nicht vom Worst Case aus, sondern schauen wir uns vielmehr an, wie Sie in Ihrem Alltag genügend Vertrauen aufbauen können, um es hoffentlich niemals zu einem Vertrauensbruch kommen zu lassen.

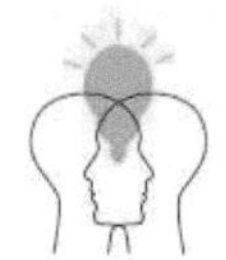

Übung:

Geheime Gedanken und Gefühle teilen

Viele von uns denken, dass der eigene Partner mit Sicherheit keine Geheimnisse vor einem hat – man erzählt sich doch sowieso alles. Doch diese Einschätzung ist oftmals nicht ganz richtig, denn in der Regel hat jeder Mensch seine kleinen Geheimnisse oder zumindest kleine, geheime Fantasien, die er nicht mit anderen Menschen teilt. Wichtig ist zunächst, dass natürlich jeder Mensch das Recht auf ein kleines Geheimnis hat, man muss nicht alles mit der Außenwelt teilen, auch nicht mit dem eigenen Partner. Als vertrauensstiftende Maßnahme kann es aber überaus effektiv sein, zumindest das eine oder andere kleine Geheimnis mit dem Partner zu teilen.

Teilen Sie einen Gedanken mit dem Partner, den Sie bisher noch mit niemandem geteilt haben: „Denkst du nicht auch manchmal, dass die Welt viel schöner wäre, wenn ..." Oder aber Sie verraten ihm etwas über Ihre Träume, diese sind ebenfalls geheim, da nur Sie sie geträumt haben und vielleicht noch nicht einmal wirklich wissen, was sie bedeuten. Erzählen Sie daher Ihrem Partner von dem schrägen Traum, den Sie letztens hatten, und rätseln Sie gemeinsam, was der Hintergrund dieses Traums sein könnte, dies stärkt das Vertrauen und macht zudem Spaß. Ein anderes intimes „Geheimnis", das Sie mit Ihrem Partner teilen können, kann auch eine erotische Fantasie sein, die Sie schon immer einmal hatten, aber sich nie getraut haben, sie auszuprobieren. Einerseits öffnen Sie sich damit und schaffen Vertrauen, andererseits besteht so die Chance, dass Ihr Partner einwilligt und Ihr kleines Geheimnis schon bald real werden kann.

Effektive Konfliktlösung und Kompromissfindung

Impulsfragen:

- Welche Konflikte beschäftigen uns in unserer Beziehung immer wieder?
- Wie werden diese Konflikte ausgelöst? Welches sind die Triggerpunkte?
- Worauf können wir uns einigen?
- Wie können wir gemeinsam einen guten Kompromiss finden? / Wie sieht ein guter Kompromiss generell aus?

Trotz aller kommunikativen Rücksichtnahme und Empathie ist also ein Konflikt in Ihrer Beziehung aufgetreten. Doch machen Sie sich keine Gedanken, es gibt vermutlich keine gesunde Beziehung auf der Welt, die ohne einen einzigen Konflikt auskommt. Zudem ist ein Konflikt noch keine ernsthafte Gefahr für Ihre Beziehung. Es kommt immer darauf an, was Sie daraus machen und wie Sie beide damit umgehen. Ein souveräner und relativ gelassener Umgang mit Konflikten zeichnet dabei eine stabile Beziehung aus. Wenn beide Partner wissen, dass ihre Bindung im Grunde stabil und gesund ist, wissen sie auch, dass ein einziger Konflikt daran nichts ändern wird. Darüber hinaus lassen sich die meisten Konflikte über einen Kompromiss lösen. Versuchen Sie daher, eine für beide Parteien annehmbare Einigung zu finden, bei der Sie beide nicht das Gefühl haben, übervorteilt worden zu sein. Auf Dauer ist eine Beziehung dann am gesündesten und langlebigsten, wenn beide Partner eine gemeinsame Basis gefunden haben, aufgrund derer sie Kompromisse abschließen und so Konflikte beenden können. Die folgende Übung hilft Ihnen daher bei der Kompromissfindung:

Übung:

Annäherung an das Wesentliche

Wenn Sie an einem Kompromiss arbeiten, gab es zunächst scheinbar einen Dissens, eine Meinungsverschiedenheit. Oder anders gesagt: Ihr Partner und Sie vertreten eine unterschiedliche Position. Um zu einem fairen Kompromiss zu gelangen, der die Bedürfnisse beider Seiten in gleichem Maße berücksichtigt, müssen Sie zunächst Ihre jeweiligen Positionen klar und deutlich machen. Setzen Sie sich daher gegenüber und nähern Sie sich Schritt für Schritt der gemeinsamen Lösung an. Zuerst formuliert Partner A seine Position: „Ich möchte, dass wir in diesem Sommer einen gemeinsamen großen Urlaub als Paar machen." Partner B erwidert: „Mir steht es dieses Jahr nicht nach einem großen Urlaub, ich möchte lieber hier bleiben."

Diese Positionen wirken zunächst unvereinbar, aber dennoch können Sie einen Schritt aufeinander zugehen, nähern Sie sich dem Kern des Problems an. Partner A: „Warum möchtest du keine Reise mit mir unternehmen? Möchtest du keine Zeit mit mir verbringen?" B: „Doch natürlich möchte ich Zeit mit dir verbringen, mir steht der Sinn nur nicht danach, so weit wegzufliegen oder so lange weg zu bleiben." Das Problem ist also nicht, dass ein Partner nicht mehr Zeit mit dem anderen verbringen will, es geht lediglich um den Ort. Den einen zieht es in die Ferne, der andere möchte lieber in der vertrauten Umgebung bleiben. Der Kern des Problems ist also der unterschiedliche Wunsch, zu reisen, nicht die Zeit, die zusammen verbracht werden soll.

Ein Kompromiss könnte also wie folgt aussehen: A: „Na gut, was hältst du davon: Wir unternehmen einen einwöchigen Städtetrip, vielleicht in die Niederlande, nach Belgien oder Österreich. Dann sind wir in der Nähe und nicht zu lange weg, aber ich komme auch einmal raus und kann etwas anderes sehen als unsere Nachbarschaft." B: „Das ist eine gute Idee, wir sparen uns den Flug, verbringen eine Woche gemeinsam woanders und eine Woche gemeinsam hier." Auf diese Weise ist niemand unzufrieden oder enttäuscht und auf beide Bedürfnisse wurde Rücksicht genommen.

Vertiefung der Intimität

Impulsfragen:

- Welche Bedürfnisse nach emotionaler und körperlicher Intimität verspüre ich?
- Welche Bedürfnisse nach emotionaler und körperlicher Intimität verspürt mein Partner?
- Was können wir beide tun, um die Intimität zu vertiefen?
- In welchen Phasen / Situationen würde ich mir in der Beziehung mehr Intimität wünschen?

Intimität unterscheidet die Liebes- oder Paarbeziehung von anderen Beziehungsarten. Freunde, Bekannte, Nachbarn oder Kollegen können ebenfalls Teil unserer sozialen Umwelt sein, doch echte Intimität stellt sich nur mit einem Partner ein, den wir lieben und der uns wichtig ist. Deshalb sollte der Faktor Intimität in der Beziehung unter keinen Umständen vernachlässigt werden. Der Begriff kann dabei sowohl für eine emotionale Verbundenheit gebraucht werden als auch für eine körperliche. Emotionale Verbundenheit hängt eng mit dem soeben nochmals erörterten Begriff des Vertrauens zusammen. Wenn wir unserem Partner vertrauen, uns sicher, wohl und geborgen bei ihm fühlen, ist eine Form der emotionalen Intimität hergestellt. Auf der anderen Seite stehen die körperlichen Bedürfnisse beider Partner – man spricht umgangssprachlich auch davon, dass zwei Menschen miteinander „intim werden", und meint damit in aller Regel Sex oder sexuell konnotierte Handlungen. Erotik spielt im Feld der Intimität ebenfalls eine große Rolle, denn der Mensch ist ein körperliches Wesen und auch die körperlichen Bedürfnisse wollen in einer Beziehung erfüllt sein, ansonsten kann es zu einem Gefühl fehlender Befriedigung und zu Unzufriedenheit an sich kommen.

Um dies zu vermeiden, sollten Sie die Intimität in Ihrem Alltag immer wieder leben. Lassen Sie sich nicht durch den (vermeintlichen) Stress oder die Langeweile des Alltags davon abbringen, intime Momente in Ihrer Partnerschaft zu genießen. Sie werden sehen, dass Sie befreiter und glücklicher durch Ihren Alltag gehen, wenn Sie diese Momente bewusst erleben und genießen. Machen Sie sich die Bedeutung von Intimität bewusst, und zwar sowohl von emotionaler als auch von körperlicher Seite. Es gibt indes zahlreiche Intimitätsübungen, die Sie in Ihren Alltag integrieren können. Einige davon haben wir im entsprechenden Kapitel dieses Buches bereits behandelt. Hier lernen Sie eine weitere Übung zur Vertiefung der Intimität kennen:

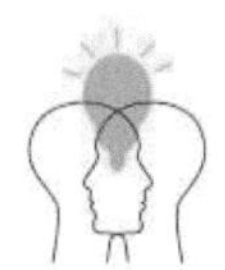

Übungen:

Intimität erhöhen

1. 15 Minuten Zärtlichkeit: 15 Minuten sollten Sie am Tag füreinander Zeit haben, schließlich leben Sie in einer festen Partnerschaft – egal, wie stressig der Alltag ist, die Ausrede, dass man keine 15 Minuten Zeit habe, gilt nicht. Bei der 15-minütigen Intimitätsübung setzen Sie sich nebeneinander auf die Couch oder eine andere bequeme Sitzgelegenheit und berühren sich, indem Sie beispielsweise den Arm über die Schulter des anderen legen, Händchen halten oder eine Hand auf das Bein des anderen legen. Es geht bei dieser Übung nicht um eine sexuelle Form der Berührung, sondern vielmehr darum, den anderen zu spüren, eine körperliche und intime Nähe aufzubauen, ohne dass diese sexuell konnotiert sein muss. Auch eine Massage, zum Beispiel des Kopfes, kann zu einer solchen körperlichen Intimität führen. Streicheln Sie sich dazu langsam über den Haaransatz, genießen Sie beide diese Zeit bewusst und spüren Sie die Intimität, die dabei entsteht. Diese 15 Minuten können enorm wertvoll sein, denn sie stärken die körperliche Verbindung und Intimität, die sich auch auf die emotionale oder sexuelle Intimität übertragen kann.

2. Ununterbrochenes Zuhören: Wenn sinnliche, also erotische Nähe, sich nicht einstellen will, kann dies mit der emotionalen Nähe zusammenhängen. Fehlt diese, kann es schwer werden mit der körperlichen Nähe, denn dafür bedarf es viel Vertrauen und Verbundenheit. Eine Übung, die eine starke emotionale Nähe herstellen kann, ist das ununterbrochene Zuhören. Hier geht es nicht wie bei den Konfliktgesprächen um aktives Zuhören, also darum, möglichst viel nachzufragen und möglichst genau zu verstehen, was der andere sagt, sondern eher darum, dem Partner einen geschützten Raum zu bieten, in dem er all das loswerden kann, was ihm auf der Seele brennt. Ein Partner beginnt und erzählt all das, was ihn beschäftigt, dabei kommt es nicht auf eine strukturierte Erzählweise oder einen roten Faden an, sondern auf freie Assoziation, auf einen sogenannten *Stream of Consciousness*, also einen Gedankenstrom, der wie ein wildes Gewässer erst einmal ohne eine bestimmte Zielsetzung fließt. Der andere Partner hört einfach zu, er unterbricht nicht, er hakt nicht ein, sondern lässt den Strom auf sich wirken. Erst im Nachgang können Sie über das soeben Gesagte sprechen. Danach kann der andere Partner ebenso erzählen, ohne unterbrochen zu werden. Das Gefühl, alles sagen zu können, alles miteinander teilen zu können, löst ein hohes Maß an Verbundenheit und Vertrautheit aus, das wiederum zu intimen Momenten führen kann.

Langfristige Planung und Weiterentwicklung

Impulsfragen:

- Was sind unsere gemeinsamen Pläne? / Welche Pläne unterscheiden uns?
- Wie finden wir hinsichtlich unserer Pläne Kompromisse?
- Wie und bis wann wollen wir sie umsetzen?

Gemeinsame Pläne für die Zukunft sind unerlässlich für eine langfristig stabile Beziehung. Beraten Sie gemeinsam, welche Pläne Sie für die Zukunft haben und welche davon Sie gemeinsam umsetzen können. Sie dürfen natürlich immer auch ein wenig träumen, dennoch sollten Sie im Großen und Ganzen realistisch bleiben. Beantworten Sie dann zusammen die W-Fragen und lassen Sie den Plan so konkreter werden. Sie gießen ihn quasi in eine Form. Bei langfristigen Planungen müssen Sie zudem stets bedenken, dass sich in der Zwischenzeit viele äußere Einflüsse verändern können. Fassen Sie Ihre Pläne so, dass Sie im besten Fall nicht von anderen abhängig sind, sondern dass Sie beide aus eigener Kraft Ihre Ziele erreichen können, indem Sie sich persönlich weiterentwickeln – also nicht „Wenn meine Eltern irgendwann aus dem Haus ausziehen, ziehen wir dort ein und dann können wir eine Familie planen", sondern: „Unser Ziel ist es, eine gemeinsame Wohnung zu finden / ein Haus zu kaufen und dann eine Familie zu gründen." So sind Sie nicht abhängig von der Entscheidung der Eltern, vielleicht irgendwann einmal aus dem Haus auszuziehen, sondern bleiben in Ihren Plänen autark.

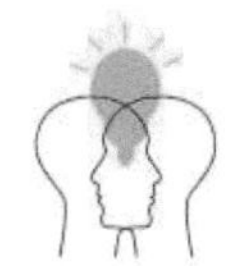

Übung:

Schritte und Stolpersteine

Lassen Sie Ihre gemeinsamen Pläne konkret werden und bereiten Sie sich auf alle möglichen Eventualitäten vor. Nachdem Sie also einen gemeinsamen Plan gefasst haben, überlegen Sie im nächsten Schritt, was die Stolpersteine sein könnten, die Ihnen beim Beschreiten des Weges in die Quere kommen könnten. Sie überdenken also nicht zuerst den Weg (Wie komme ich an mein Ziel?), sondern Sie beginnen damit, über das Endziel (Was will ich eigentlich erreichen?) nachzudenken, erst dann rekonstruieren Sie den Weg, der zum Erreichen des Ziels beschritten werden muss. Ein Beispiel: Ihr Ziel ist es, eine Immobilie zu besitzen und eine Familie zu gründen.

Ihr Ziel ist also eine Immobilie, der Weg dahin sieht wie folgt aus: Sie müssen erst einmal ein wenig Geld verdienen und benötigen dazu einen Job mit einem entsprechenden Verdienst. Von diesem Verdienst können Sie dann wiederum einen gewissen Prozentsatz zurücklegen, den Sie als Startkapital in die Immobilie investieren, den Rest finanzieren Sie über einen Kredit, für den Sie ebenfalls Sicherheiten benötigen. Der erste Stolperstein ist also der Beruf – wenn Sie einen Job haben, bei dem Sie nicht entsprechend verdienen oder keine Sicherheiten haben, gerät Ihr Plan ins Wanken. Also sollten Sie als erstes Etappenziel ausrufen, dass Sie beide einen sicheren Job finden, um Ihre gemeinsame Zukunft in Angriff zu nehmen.

Auf der anderen Seite können Sie natürlich jederzeit auch das Spiel „Was, wenn nicht?" spielen, also: Was, wenn Sie zum Beispiel keinen sicheren Job finden? Dann ist für Sie zwar momentan keine Immobilie finanzierbar, aber Sie können auf der anderen Seite vielleicht trotzdem eine Familie gründen. Auch in einer Mietwohnung kann man ein Kind großziehen und nur, weil Ihr Gehalt nicht ausreicht, um eine teure Immobilie zu kaufen, heißt das nicht, dass es auch nicht für Windeln, Nahrung und Spielzeug für Ihr Baby reicht. Behalten Sie also immer auch eine Alternative im Kopf, wenn Ihr eigentlicher Plan nicht aufgeht. Erarbeiten Sie gemeinsam als Paar Lösungen und sehen Sie einen „gescheiterten" Plan nicht als Manko an, sondern als Möglichkeit, einen anderen Plan zu fassen, der möglicherweise besser für Sie beide funktioniert.

Reflexion und Engagement für die Zukunft

Impulsfragen:

- Was kann ich besser / anders machen?
- Was kann der andere besser / anders machen?
- Was können wir beide tun, um unsere Beziehung bestmöglich zu gestalten?

Selbstreflexion ist in jeder Situation des Alltags hilfreich! Sie sollten daher bestimmte Übungen zur Selbstreflexion und zur Erlangung von Toleranz sich selbst und anderen gegenüber in ihre täglichen Routinen einbauen; denn wie hat schon der berühmte Investor Warren Buffett gesagt: „Man sollte in sich selbst investieren, das ist die einzige Investition, die sich tausendfach auszahlt." Mit den folgenden fünf Übungen können Sie Reflexion und Achtsamkeit erlernen:

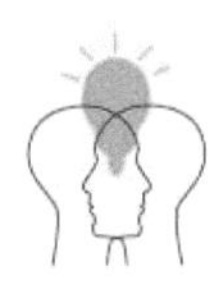

Übungen:

Selbstreflexion

Morgendliches Brainstorming: Mit dieser Übung beginnen Sie den Tag bereits mit positiven Gedanken. Wenn Sie morgens aufwachen, gehen Ihnen meistens schon die ersten Gedanken durch den Kopf – schreiben Sie diese auf, unabhängig davon, ob Ihnen die Gedanken im ersten Moment sinnvoll oder zielführend erscheinen oder nicht. Es handelt sich um eine freie, assoziative Form des Brainstormings. Am Ende haben Sie einen oder mehrere Zettel mit Ihren Gedanken – die sogenannten *Morgenseiten* – gefüllt. Sie werden sehen, dass Sie durch diese Entleerung Ihrer Gedanken direkt am Morgen eine Menge über sich selbst lernen können, zum Beispiel, was Sie unmittelbar nach dem Aufstehen beschäftigt, also noch bevor Sie den Reizen Ihrer Umwelt, Ihres Arbeitsplatzes etc. ausgesetzt sind. Etablieren Sie das morgendliche Brainstorming und die Morgenseiten als eine Routine. Mehr als fünf bis zehn Minuten benötigen Sie hierzu meistens nicht.

Abendrituale etablieren: Am Abend sollten Sie die oben erwähnten Reize des Tages verarbeiten. Dabei geraten viele Menschen ins Grübeln und es fällt ihnen schwer, das Erlebte zu sortieren und zu verarbeiten. Auch hierbei hilft es, die Gedanken aufzuschreiben, am besten machen Sie sich Notizen in Form eines Tagebuchs („Journals"). Stellen Sie dabei insbesondere die positiven Aspekte des vergangenen Tages hervor: Was lief gut? Welche positiven Erfahrungen haben Sie gemacht? Welche angenehmen, sozialen Begegnungen haben Ihren Tag bereichert? Wofür sind Sie dankbar? etc. Mit diesem *Journaling* stoppen Sie nicht nur das Grübeln, sondern sortieren auch Ihre Gedanken und gehen mit einem positiveren und aufgeräumteren Gefühl schlafen.

Meditieren: Meditieren hilft Ihnen nachweislich bei der Entspannung Ihres Körpers und Ihres Geistes. Sie können die entsprechenden Übungen sowohl morgens als auch abends durchführen, wenn Sie Gelegenheit dazu haben, geht es sogar während kurzer Arbeitspausen im Büro. Auf YouTube oder ähnlichen Plattformen finden Sie zahlreiche Tutorials und Schritt-für-Schritt-Anleitungen, die Ihnen die für Sie am besten geeignete Meditation näherbringen. Probieren Sie es aus und Sie werden sehen, dass auch Sie schon bald entspannter sind. Wichtig: Sorgen Sie für möglichst große Ruhe in Ihrer Umgebung. Auch wenn Sie kleine Kinder haben oder in einer unruhigen Großstadt wohnen, versuchen Sie, sich für die Meditation für einen kurzen Augenblick zurückzuziehen und größtmögliche Ruhe einkehren zu lassen. Zum Ende dieses Kapitels hin werden wir Ihnen noch ein paar Beispiele für eine gelungene Meditation aufzeigen.

Spaziergänge: Auch Spaziergänge können ihre Wirkung entfalten, schließlich schätzten große Denker und Künstler wie Goethe, Schopenhauer oder Caspar David Friedrich das Spazierengehen in hohem Maße. Durch die Zufuhr von natürlichem Licht und Sauerstoff wird Ihr Körper angeregt, außerdem aktiviert das Laufen die Muskeln und den Bewegungsapparat, der insbesondere von Angestellten in Bürojobs meist viel zu wenig beansprucht wird. Verschließen Sie beim Spazierengehen niemals die Augen, sondern nehmen Sie die Welt um Sie herum bewusst in sich auf, in diesem Modus erfahren Sie Resonanz mit Ihrer Umwelt (Rosa, 2019). Schweifen Sie beim Spazierengehen unbesorgt mit Ihren Gedanken ab und geben Sie sich Ihren Eindrücken hin. Auf diese Weise können Sie von Ihrem Alltag abschalten und Ihren Körper und Geist herunterfahren.

Selbstgespräche: Selbstgespräche können Ihnen dabei helfen, Ihre Emotionen auszusprechen. Viele Menschen neigen dazu, ihre negativen Gefühle wie Wut, Trauer oder Enttäuschung in sich hineinzufressen, sie möchten mit niemandem über ihre Empfindungen sprechen oder haben niemanden in ihrem Umfeld, dem sie sich emotional anvertrauen möchten. Je länger Sie Ihre Gefühle jedoch unausgesprochen in sich arbeiten lassen, desto stärker potenzieren sie sich, was im Falle negativer Gefühle zu einer Beeinträchtigung Ihres Gemütszustands führen kann. Wenn Sie also mit niemandem aus Ihrem Umfeld sprechen wollen, dann sprechen Sie mit sich selbst. Dieses Gespräch muss nicht hörbar sein, Sie können auch stumm mit sich reden, schließlich würden Sie vermutlich skeptische Blicke Ihrer Mitmenschen ernten, wenn Sie im Zug oder im Supermarkt plötzlich laut anfangen würden, mit sich selbst zu sprechen. Versuchen Sie dennoch, Ihre Gedanken bewusst so zu formulieren, als würden Sie sich mit jemand anderem unterhalten – so, als müssten Sie Ihre Gefühle jemand anderem erklären. Damit unterscheidet sich das Selbstgespräch vom inneren Monolog und vom Gedankenkarussell. Führen Sie also Selbstgespräche und ordnen Sie so Ihre Gedanken und Gefühle.

Beispielmeditation

Es gibt verschiedene Meditationstechniken, manche davon dienen der größtmöglichen Entspannung, andere wiederum wirken aktivierend.

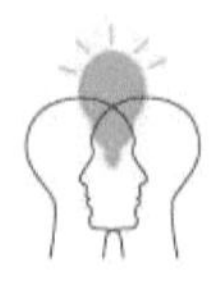

Übungen:

Meditationen

Entspannungsmeditation: Setzen Sie sich in einer bequemen und aufrechten Haltung (gerader Rücken) auf den Boden und schließen Sie die Augen. Blenden Sie alle Geräusche um sich herum aus und fokussieren Sie sich ganz auf sich selbst. Konzentrieren Sie sich auf Ihre Atmung und atmen Sie bewusst tief ein und aus. Spüren Sie, wie Ihr Körper den Sauerstoff aufnimmt und wieder abgibt. Sie sind ruhig und konzentriert.

Stellen Sie sich vor, Sie wandern über eine grüne Wiese in den Bergen. Dort gibt es Blumen, Schmetterlinge und viel grünes Gras. Sie atmen den Duft der wilden Blumen und des noch leicht vom Morgentau befeuchteten Grases ein. Es ist ruhig, um Sie herum gibt es nur die Natur. Ihre Gedanken sind ganz auf die Natur ausgerichtet, Sie denken an nichts anderes mehr – es gibt keine Ablenkung, nur diesen Moment.

Sie laufen weiter durch das Gras und entdecken hinter einem kleinen Bergvorsprung einen See. Das Wasser plätschert vor sich hin. Es ist kühl und klar. Sie hören die entspannenden Geräusche des fließenden Wassers, atmen weiter tief ein und aus und konzentrieren sich nur auf sich und die Natur, die Sie umgibt. Laufen Sie in Gedanken um den See herum, über die Wiese und atmen Sie einfach weiter. Spüren Sie Ihre innere Mitte? Sie sind ganz bei sich. Es gibt keine negativen Gedanken, keine Ängste mehr. Alles ist gut so, wie es ist. Sie öffnen die Augen und sind wieder im Hier und Jetzt.

Atemmeditation: Hier richten Sie Ihre Aufmerksamkeit auf Ihren Atem und atmen bewusst und geführt nach dem Schema: vier Sekunden einatmen, sechs Sekunden die Luft anhalten, acht Sekunden ausatmen. Diese Atmung senkt in stressigen Situationen automatisch die Herzfrequenz und sorgt für innere Ruhe und Ausgeglichenheit. Es gibt auch weitere Atem-Schemata, etwa die Quadratatmung (jeweils vier Sekunden einatmen, Luft anhalten, ausatmen, wieder Luft anhalten). Hier können Sie für sich herausfinden, welches Atem-Schema Ihnen am besten hilft, um zu entspannen. In jedem Fall sollten Sie hier die Bauchatmung durchführen, um sowohl Ihren Geist als auch Ihren Körper zur Ruhe zu bringen.

Achtsamkeits-Meditation: Auch hier nehmen Sie eine aufrechte Sitzhaltung ein, richten Ihre Achtsamkeit auf Gefühle, Gedanken und Empfindungen. Sie beobachten diese, ähnlich wie bei der *Mauseloch-Methode*. Sie sind nicht mehr Ihre Gedanken, sondern exponieren sich sozusagen und begeben sich in die Rolle des Beobachters. Ihnen wird bewusst, dass sämtliche Gedanken und Gefühle lediglich Momentaufnahmen sind und es kein Problem ist, diese *loszulassen*. Ursprünglich stammt die Achtsamkeitsmeditation aus dem Buddhismus. Probieren Sie diese Methode mehrfach, denn auch für sie braucht man ein wenig Erfahrung mit der Meditation. Sollte sie bei Ihnen wirken, werden Sie Ihre Gedanken und Gefühle wesentlich besser verstehen.

Dynamische Meditation: Dies ist die anstrengendste und aktivste Form der Meditation. Lassen Sie Ihren Gefühlen einfach freien Lauf. Schreien Sie, weinen Sie, bewegen Sie sich. Dies muss nicht geordnet stattfinden, wichtig ist nur, dass Sie Ihre Gefühle damit zum Ausdruck bringen. Die dynamische Meditation bezieht sich auf den Aspekt, den wir eingangs bereits besprochen haben, nämlich *Emotionen und Gefühle zuzulassen und zu kontrollieren*. Die dynamische Meditation kann dadurch äußerst befreiend wirken.

Mithilfe dieser Meditationstechniken gehen Sie entspannter und gelassener durch den Alltag und sind mit diesem umfassenden Ratgeber effektiv gerüstet, um Ihre Beziehung gemeinsam auf ein neues Level an Zusammenhalt und Zuneigung zu heben.

„Es muss von Herzen kommen, was auf Herzen wirken soll."

(Johann Wolfgang von Goethe)

Wir sind nun am Ende unserer Reise durch die Welt der Beziehungen und Partnerschaften angelangt, auf der Sie hoffentlich viele wertvolle Erkenntnisse gewinnen konnten.

Wir haben die Grundlagen einer jeden Beziehung identifiziert und dabei die verschiedenen Bindungstypen kennengelernt, anhand derer Sie Ihre grundsätzliche Beziehungskonstellation besser einschätzen können. Zudem haben wir den Faktor Kommunikation als häufiges Problem in einer Beziehung identifiziert und uns intensiv damit befasst, wie man die zwischenmenschliche Kommunikation in der Partnerschaft mit einfachen Übungen verbessern kann.

Ebenfalls haben wir uns angesehen, wie man Intimität, sowohl körperlicher als auch emotionaler Natur, wieder steigert und wie beide Partner mehr Empathie füreinander entwickeln. Sind doch gerade die Empathie und die Intimität fundamentale Eigenschaften, die jede gute Beziehung vereinen. Auch hier haben wir anhand praktischer Übungen aufgezeigt, wie sich die Partnerschaft harmonischer und konfliktfreier gestalten lässt.

Ferner haben wir den Worst Case besprochen, wenn es nämlich zum Vertrauensbruch innerhalb der Beziehung kommt. Dieser stellt in der Regel die größte denkbare Zerreißprobe für jede noch so gesunde Partnerschaft dar. Doch auch hier haben wir vor allem anhand zahlreicher Praxisbeispiele und Übungen erfahren, dass selbst ein Vertrauensbruch keinesfalls zum Bruch der Beziehung führen muss.

Zu guter Letzt haben wir gelernt, wie Sie Ihre Beziehung nachhaltig gestalten und verhindern, dass dieselben Krisen immer und immer wieder auftreten. Somit sind Sie gut gewappnet für die Zukunft und es besteht keine Gefahr, dass Sie direkt in die nächste Beziehungskrise schlittern.

Abschließend bleibt nur noch, Ihnen für Ihre Partnerschaft das Beste zu wünschen. Auf dass Sie noch lange zusammenbleiben und viele gemeinsame unvergessliche Abenteuer erleben werden. Und sollte es einmal eine weniger harmonische Phase geben, vergessen Sie bitte nicht, diesen Ratgeber zur Hand zu nehmen – Ihrer Partnerschaft zuliebe.

Alles Gute für Sie und bleiben Sie verliebt!

Literaturverzeichnis und weiterführende Literatur

- Ansorge, U., & Leder, H. (2017). *Wahrnehmung und Aufmerksamkeit.* Wiesbaden: Springer.
- Batra, A. (2013). *Verhaltenstherapie. Grundlagen, Methoden, Anwendungsbereiche.* Stuttgart: Thieme.
- Beck, A. T., & Harrison, R. (05. März 1982). Stress, neurochemical substrates, and depression: Concomitants are not necessarily cause. *The behavioral and brain science*, S. 101-102.
- Beck, J. S. (2013). *Praxis der Kognitiven Verhaltenstherapie.* Weinheim: Beltz.
- Bourdieu, P. (1982). *Die feinen Unterschiede. Kritik der gesellschaftlichen Urteilskraft.* Frankfurt: Suhrkamp.
- Bühler, P. (51. Jahrgang. Nr. 6 2005). Die Verwirrung des Bewusstseins in sich. Sokrates und die Geschichte der Pädagogik. *Zeitschrift für Pädagogik*, S. 876-891.
- Damásio, A. R. (2000). *Ich fühle, also bin ich. Die Entschlüsselung des Bewusstseins.* München: List Verlag.
- Döring, K. (1998). Sokrates. In H. Flashar, *Grundriss der Geschichte der Philosophie* (S. 141-178). Basel: Schwabe.
- Eichstätt, J. (1998). Eine experimentell prüfbare Theorie der Willenshandlung und Willensentscheidung, entwickelt am Phänomen Ausdauer. Untersuchung zu freiem Willen und unfreiwilligem Grübeln. *Europäische Hochschulschriften*, S. 610.
- Erler, M. (2007). Maieutik. In C. Schäfer, *Platon-Lexikon* (S. 193-194). Darmstadt: Wissenschaftliche Buchgesellschaft.
- Festinger, L. (1957). *A Theory of Cognitive Dissonance.* Stanford University Press: Stanford.
- Festinger, L. (2012). *Theorie der Kognitiven Dissonanz.* Bern: Huber Verlag.
- Freud, S. (1923/2013). *Das Ich und das Es.* Stuttgart: Reclam.
- Fromm, E. (1976). *Haben oder Sein. Die seelischen Grundlagen einer modernen Gesellschaft.* München: dtv Verlagsgesellschaft.
- Gilbert, D., & Malone, P. (117. Ausgabe 1995). The correspondence bias. *Psychological Bulletin*, S. 21-38.
- Goffman, E. (1959/2010). *Wir alle spielen Theater.* München: Piper.

• Hansen, M. H. (2006). *Polis. An introduction to the Ancient Greek City State.* Oxford: Oxford University Press.

• Harris, R. (2020). *ACT leicht gemacht: Der Leitfaden für die Praxis der Akzeptanz- und Commitment-Therapie. Erweiterte und überarbeitete Neuausgabe.* Freiburg im Breisgau: Arbor Verlag.

• Harris, T. A. (1976). *Ich bin o.k. Du bist o.k. Wie wir uns selbst besser verstehen und unsere Einstellungen ändern.* Hamburg: Rowohlt.

• Hartmann, M. (29. März 2021). Das Paradox der Verletzlichkeit. *Spektrum der Wissenschaft*, S. 7-13.

• Hautzinger, M., & Linden, M. (2008). *Verhaltenstherapiemanual.* Heidelberg: Springer Medizin Verlag.

• Holmes, J. (2006). *John Bowlby und die Bindungstheorie.* München: Ernst Reinhardt Verlag.

• Hüther, G. (1997). *Biologie der Angst - wie aus Stress Gefühle werden.* Göttingen: Vandenhoek & Ruprecht.

• Joas, H. (1999). *Die Entstehung der Werte.* Frankfurt: Suhrkamp.

• Klingen, N. (Nr. 49, . 1/ 2010). Ihr Leben ist wichtiger als Ihre Angst. *Deutsche Apotheker Zeitschrift*, S. 14-17.

• Koentges, C. (2017). Sokratischer Dialog. In A. Wirtz, *Lexikon der Psychologie* (S. 1566). Bern: Hogrefe.

• Konnerth, T. (2010). *Menschliche Kommunikation verstehen. Die Transaktionsanalyse.* Lüneburg: GU.

• Maaz, H.-J. (2017). *Der Gefühlsstau. Psychogramm einer Gesellschaft.* München: Beck.

• Molcho, S. (2002). *Alles über Körpersprache.* Mosaik Verlag: Berlin.

• Plegger, M., Schade, C., Diefenbacher, A., & Burian, R. (2014). Akzeptanz- und Commitment Therapie (ACT). *Zeitschrift für klinische Psychologie und Psychotherapie*, S. 241-250.

• Rogers, C. (1985). *Die nicht-direktive Beratung. Counseling and Psychotherapy.* Frankfurt am Main: Fischer.

• Rosa, H. (2019). *Resonanz. Eine Soziologie der Weltbeziehung.* Frankfurt: Suhrkamp.

• Schirach, F. v. (08. Oktober 2018). Vom Fremdsein in der Welt. (B. Bleisch, Interviewer)

• Schlegel, L. (2002). Leitziele. In L. Schlegel, *Handwörterbuch der Transaktionsanalyse* (S. 188-190). Freiburg: Herder.

• Schwab, B. L. (16. Dezember 2017). Wie du es schaffst, mit dem Grübeln aufzuhören. (M. Bogner, Interviewer)

• Thun, F. S. (1981). *Miteinander reden 1 -Störungen und Klärungen. Allgemeine Psychologie in der Kommunikation.* Reinbek: Rowohlt.

• Watzlawick, P. (2016). *Man kann nicht nicht kommunizieren. Das Lesebuch, 2. Auflage.* Göttingen: Hogrefe.

• Wilken, B. (2003). *Methoden der kognitiven Umstrukturierung. Ein Leitfaden für die psychotherapeutische Praxis.* Stuttgart: Kohlhammer.

• Winch, G. (2016). *Emotionale erste Hilfe. Wie wir mit seelischen Verwundungen im Alltag umgehen können.* Paderborn: Junfermann Verlag.

• Wöhrmann, K.-R. (1983). Über einen strukturellen Unterschied zwischen der Mäeutik des Sokrates und dem Sokratischen Gespräch nach Leonard Nelson. In D. Horster, & D. Krohn, *Vernunft, Ethik, Politik. Gustav Heckmann zum 85. Geburtstag* (S. 289-300). Hannover: SOAK.